稲盛和夫＝著

稲盛和夫一日一言

運命を高める言葉

致知出版社

まえがき

「魂から発せられた言葉は、表現が少々稚拙であっても、聞く人の魂に語りかけ、感動を与える。全身全霊を乗せた言葉にはある種の『霊力』があるからである。つまり言霊である。一所懸命、なんとか相手にわかってほしいという思いを込めて、文字通り心の底から出た言葉は、やはり、単なる話のための言葉よりも訴える力が強いのは確かだ。聞き手の感動を呼び起こすのもそれゆえにほかならない」――『ＰＨＰ』誌（一九八六年九月号）に、私はこのように記している。

実際に、全身全霊を込め、あたかも魂をほとばしらせるがごとく話すことを、私は常としてきた。若い頃から、目標を立て追求していくにあたり、将来の姿、具体的な展開、さらには社会的な意義までを考え尽くし、それを幹部や部下が腹落ちするまで、徹底して話すように努めてきたのである。相手が納得するまで話しきると、くたくたに疲れてしまう。まるで話すことによって、私のエネルギーが相手にすべて送り込まれ、自分が抜け殻になってしまったかのようであった。このことを、私は「エネルギーを転移する」と呼んでいる。

本書は、私から読者諸兄へのエネルギー転移の書である。私の「一言」が、読者の皆様の魂に届き、その人生や経営を、さらに豊かで実り多いものにすることに役立つなら、著者として望外の幸せである。

令和三年九月吉日

稲盛　和夫

1月

2005年、盛和塾例会の移動中に

1日 人生方程式① 熱意と能力

人生・仕事の結果＝考え方×熱意×能力

この方程式は、平均的な能力しか持たない人間が、偉大なことをなしうる方法はないだろうか、という問いに、私が自らの体験を通じて答えるものである。

まず、能力と熱意は、それぞれ〇点から一〇〇点まであり、それが積《せき》でかかると考える。すると、自分の能力を鼻にかけ、努力を怠《おこた》った人よりも、自分にはずばぬけた能力がないと思い、誰よりも情熱を燃やし努力した人のほうが、はるかに素晴らしい結果を残すことができる。

2日 人生方程式② 考え方

この能力と熱意に、考え方が積でかかる。考え方とは、人間としての生きる姿勢であり、マイナス一〇〇点からプラス一〇〇点まである。つまり、世をすね、世を恨み、まともな生き様《ざま》を否定するような生き方をすれば、マイナスがかかり、人生や仕事の結果は、能力があればあるだけ、熱意が強ければ強いだけ、大きなマイナスとなってしまう。

素晴らしい考え方、素晴らしい哲学を持つか持たないかで、人生は大きく変わってくる。

3日 経営者の要件

福沢諭吉は、経営者のあるべき姿を、こう表現しています。

思想の深遠なるは哲学者のごとく、心《しん》術《じゅつ》の高尚《こうしょう》正直なるは元禄《げんろく》武士のごとくにして、これに加うるに小俗吏《ぞくり》の才をもってし、さらにこれに加うるに土百姓《どびゃくしょう》の身体をもってして、はじめて実業社会の大人《たいじん》たるべし

この言葉は、そのまま人生方程式に当てはまります。

土百姓の身体、つまり、頑健《がんけん》な身体は、誰にも負けない努力をする「熱意」にあたり、小俗吏の持つ、放っておけば悪さをしかねない才能、経営でいうところの商才は「能力」にあたります。

そして「考え方」にあたるのが、「思想の深遠なるは」「心術の高尚正直なるは」という部分です。

つまり、哲学者が持つような素晴らしい思想を持ち、かつ元禄武士が身につけていたような素晴らしい心根を持ち、そのうえ小俗吏が発揮したような才能と、土百姓の頑健さを備えていなければ、立派な経営者にはなれないのです。

4日　反省と努力

ほとんどの人は心の大切さに気づかず、心を立派にしようなどということに関心を持たない。まずは、心を高めなければならない、心を美しくしなければならない、と思わなければならない。そうしても、われわれは煩悩《ぼんのう》、欲にまみれた人間であるから、なかなかそうはなれない。なれないけれども、「ならなければならない」と思い、反省する。この反省があるから、また努力をしようと心がける。このことが人生にとっては大切なのである。

5日　真　心

人は金銭のためでなく、名誉のためでなく、権勢《けんせい》欲のためでもなく、真心によって突き動かされたときにこそ、どんな困難にも負けることなく、最大の力を発揮して立ち向かうことができる。

6日　心の手入れ

立派な経営をするのに、大切なのは心の手入れだ。それは、業種が何であろうと、規模がどれくらいであろうと、国がどこであろうと変わらない。経営者自身が常に悪《あ》しき思いを打ち払い、心の手入れを怠らずに人徳《じんとく》を高めていけば、因果応報《いんがおうほう》の法則に従って、物事はよい方向へ運び、大輪《たいりん》の花を咲かせるに違いない。

7日　「徳」に基づく経営

権力によって人間を管理し、または金銭によって人間の欲望をそそるような経営が、長続きするはずはありません。一時的に成功を収めることができたとしても、いつか人心の離反《りはん》を招き、必ず破滅に至るはずです。企業経営とは永遠に繁栄をめざすものでなければならず、それには「徳」に基《もと》づく経営を進めるしか方法はないのです。

8日　チャレンジ精神を持つ

人は変化を好まず、現状を守ろうとしがちです。しかし、新しいことや困難なことにチャレンジせず、現状に甘んじていては、退歩が始まります。現状を否定し、高い目標を設定し、常に新しいものにチャレンジしていかなければなりません。

ただ、チャレンジという言葉は勇ましく快《こころよ》い響きを持つ言葉ですが、そのためには困難に立ち向かう勇気やどんな苦労も厭《いと》わない忍耐、努力が必要です。

9日　思いは必ず実現する

思いは必ず実現する。

それは、人が「どうしてもこうありたい」と強く願えば、その思いが必ずその人の行動となって表れ、実現する方向におのずから向かうからです。

ただそれは、強い思いでなければなりません。漠然《ばくぜん》と思うのではなく、「何がなんでもこうありたい」「必ずこうでなくてはならない」といった、強い思いに裏打ちされた願望、夢でなければ実現しないのです。

10日　強烈な願望を持つ

願望を成就《じょうじゅ》につなげるためには、並に思ったのではダメだ。生半可なレベルではなく、強烈な願望として、寝ても覚めても四六時中そのことを思い続け、考え抜く。頭のてっぺんからつま先まで全身をその思いでいっぱいにして、切れば血の代わりに「思い」が流れる。それほどまでにひたむきに、強く一筋に思うこと。そのことが、物事を成就させる原動力となる。

11日　成功するまで諦めない

成功するかしないかは、その人の熱意と執念に強く関わっている。成功しない人は体裁《ていさい》のいい理由をつけ、自分を慰め、すぐ諦めてしまう。

何かを成し遂げたいなら、狩猟民族が槍一本を持ち、どんなに雨風が吹こうと、獲物の足跡を何日も追い続け、その住処《すみか》を見つけ、つかまえるまで決して諦めないというような生き方が必要だ。

12日 経営はトップの器で決まる

経営者の人格が高まるにつれ、企業は成長発展していきます。私はそれを「経営はトップの器で決まる」と表現しています。会社を立派にしていこうと思っても、「蟹《かに》は甲羅《こうら》に似せて穴を掘る」というように、経営者の人間性、いわば人間としての器の大きさにしか企業はならないものなのです。

13日 一歩一歩前に進む

手練手管《てれんてくだ》を駆使し奇策を弄《ろう》して、付焼刃《つけやきば》の成功を収めたとしても、地に足の着かない栄華《えいが》が長く続いたためしはない。大切なことは正しい道を踏みしめて、一歩一歩前に進むことだ。

14日 着実に歩む

いつも高く掲げた目標ばかりを見ていてもダメなのです。あまりにも遠い道のりを歩こうと思うと飽きもするし、自分の力のなさを感じてしまって頓挫《とんざ》してしまいます。高く掲げた目標は潜在意識にしまっておいて、一日一日を着実に歩み続けると、とてつもないところまで歩いていけるものなのです。

15日 狂であれ

かねてから事をなすにあたっては、「狂であれ」と言っている。バリアを越えるには、それを打ち破れるだけのエネルギーが必要となるからだ。エネルギーとは、それに従事している人の情熱だ。燃えるような熱意、すさまじい根性と執念などが、バリアを越えるエネルギー源であり、チャレンジの必要条件となる。

16日 自燃性の人

物には、他からエネルギーを受けて燃えるものと、それでも燃えないものと、そして自分自身で燃えるものとがあります。つまり、火を近づけると燃え上がる可燃性のもの、火を近づけても燃えない不燃性のもの、自分で勝手に燃え上がる自燃性のものと、物質は三つに分かれますが、人間も同様です。物事を成そうとするには、自ら燃える者でなければなりません。

17日 人を動かすもの

人を動かす原動力は、ただ一つ公平無私《むし》ということです。無私というのは、自分の利益を図《はか》る心がないということです。あるいは自分の好みや情実で判断しないということです。無私の心を持っているリーダーならば、部下はついていきます。逆に自己中心的で私欲がチラチラ見える人には、嫌《けん》悪《お》感が先立ち、ついていきかねるはずです。

18日　素直な目

一切のものにとらわれてはいけません。素直な目で現象《げんしょう》を見なければなりません。先入観を持っていては、物事はその真実を語ってくれません。一方では、「何としてもやらなければならない」という思いがありますから、もう一方では、苦しければ苦しいほど、現象をつぶさに見つめ直すという素直な姿勢が必要となるのです。そうすれば、今まで見過ごしていたものを、ハッと見つけるものです。

19日　神の啓示

毎日毎日悩み苦しんでいると、ある瞬間に、神の啓示《けいじ》のように、アイデアが心にひらめくことがある。これは、逆境に勇敢に立ち向かい、人間として何が正しいかを問い続けて仕事に没頭しているときに、神が与えてくれる霊感（インスピレーション）だと私は考えている。

20日 仕事を愛する

「自分の製品を抱きしめたい」――。

私は、製品開発にあたって、いつもそう思っていました。

自分の仕事、自分の製品に対し、それくらいの愛情を注《そそ》がなければ、いい仕事などできないのではないでしょうか。

21日 仕事を好きになる

人間は、好きな仕事ならば、どんな苦労も厭わない。そして、どんな苦労も厭わず、努力を続けることができれば、たいていのことは成功するはずだ。つまり、自分の仕事を好きになるということ――この一事で人生は決まってしまうと言って過言ではない。

22日 悩みなき成長はない

「あいつは、かわいそうだ」——。

人間というのは、周囲からこう言われるくらい不幸な境遇に、一度は置かれたほうがいいのかもしれません。

ちょうど冬の寒さが厳しければ厳しいほど、桜が美しい花を咲かせるのと同じように、悩みや苦しみを体験しなければ、人は大きく伸びないし、本当の幸福をつかむことができないのでしょう。

23日 苦労は成功の土台

人生で経験してきた、数え切れないいくらいたくさんの苦労や挫折《ざせつ》は、ちょうどオセロの石が一気に黒から白に返るかのように、後にすべて成功の土台となってくれる。

24日 反省と利他の心

「反省」をするということは、ともすれば利己で満たされがちな心を、浄化しようとすることとです。私は「反省」を繰り返すことで自らを戒《いまし》め、利己的な思いを少しでも抑えることができれば、心の中には、人間が本来持っているはずの美しい「利他《りた》」の心が現れてくると考えています。

25日 美しき人間の本性

仏教で、「一人ひとりに仏が宿っている」と教えるように、人間の本性とはもともと美しいものです。「愛と誠と調和」に満ち、また「真《しん》・善《ぜん》・美《び》」、あるいは「良心」という言葉で表すことができるような、崇高《すうこう》なものであるはずです。人間は「反省」をすることで、この本来持っている、美しい心を開花させることができるのです。

26日 人生というドラマ

人生とはドラマであり、演ずる主役が自分なのだ。一生かけてどういうドラマを描くかが問われている。

運命は生まれたときから決まっていると言われるかもしれない。しかし自分の心を高めていくことによって、運命をも変えることができる。素晴らしい心根は、必ず天に通じていくからだ。

27日 「ど真剣」な人生

いつも燃えるような意欲や情熱を持って、その場そのとき、すべてのことに「ど真剣」に向かい合って生きていくこと。その積み重ねが私たち人間の価値となって、人生のドラマを実り多い、充実したものにするのだ。

28日 宇宙の意志

私は、この宇宙には、すべての生きとし生けるものを、善《よ》き方向に活かそうとする「宇宙の意志」が流れていると考えています。その善き方向に心を向けて、ただひたむきに努力を重ねていけば、必ず素晴らしい未来へと導かれていくようになっていると思うのです。

29日 心に描く

心が呼ばないものが自分に近づいてくることはなく、現在の自分に起こっているすべての現象は、自分の心の反映でしかありません。

私たちは、怒り、恨み、嫉妬《しっと》心、猜疑《さいぎ》心など否定的で暗いものを心に描くのではなく、常に夢を持ち、明るく、きれいなものを心に描かなければなりません。そうすることで、実際の人生も素晴らしいものになるのです。

30日 足るを知る

膨れ上がる欲望を満たそうとしている限り、幸福感は得られません。反省ある日々を送ることで、際限《さいげん》のない欲望を抑制《よくせい》し、今あることに「感謝」し、「誠実」に努力を重ねていく――そのような生き方の中でこそ、幸せを感じられるに違いない。

31日 幸福の鍵

幸福になれるかどうか、それは心のレベルで決まる――私たちがどれだけ利己的な欲望を抑え、他の人に善かれかしと願う「利他」の心を持てるかどうか、このことが幸福の鍵《かぎ》となるということを、私は自らの人生から学び、確信しています。

2月

掲げられた「敬天愛人」の書を前に。
京セラ本社執務室にて

1日 動機善なりや、私心なかりしか ①

大きな夢を描き、それを実現しようとするとき、「動機善なりや」と自らに問わなければなりません。自問自答し、動機の善悪を確認するのです。

また、仕事を進めていくうえでは、「私心なかりしか」という問いかけが必要です。自己中心的な発想で仕事を進めていないかを自己点検しなければなりません。

動機が善であり、私心がなければ、結果は問う必要はありません。必ず成功するのです。

2日 動機善なりや、私心なかりしか ②

第二電電（現ＫＤＤＩ）設立前、約六カ月もの間、毎日、どんなに遅く帰っても、たとえ酒を飲んでいようとも、必ずベッドに入る前に、「動機善なりや、私心なかりしか」と自分に問い続けました。通信事業参入の動機が善であり、そこに一切の私心はないということを確認して、ようやく手を挙げたのです。

3日　従業員のために

経営者は、自分の欲望だけを満たそうとしてはなりません。企業に集う全従業員の幸福を考えなければならないのです。もし会社が傾けば、会社の将来に賭けて懸命に働いてくれている従業員を路頭《ろとう》に迷わせてしまいます。経営者とは、そうならないために、先頭に立って努力している人のことです。そういう人が抱く「自分の会社を立派にしたい」という願望は、美しいものだけに、長いスパンで見れば必ず報われていくのです。

4日　自然の摂理

動物にしても、植物にしても必死に一所懸命生きていかなければ、生き残れない。それがこの自然界の掟《おきて》なのだ。

しかし、人間だけは「誰にも負けない努力」とか、「一所懸命生きる」ということを言えば、何か特別なことのように感じている。

成功するために、一所懸命に働かなければならないのではなく、生きていくために、「誰にも負けない努力」で働く、それが自然の摂理《せつり》なのだ。

5日 精進

誰しも恵まれた人生、幸運な人生を送りたいと考えている。だが、いい人生というのは天から降ってくるものではなく、自分の心を磨くことによって得られる。だからまずは、美しい心になるように日々努力することが大切だ。

心を磨くにあたって基本になるのが「勤《きん》勉《べん》」であり、仏教ではこれを「精進《しょうじん》」と呼ぶ。それは仕事に限らず、何か一つのことに没頭したり、打ち込むことだ。

6日 修行

自分に与えられた仕事に、愚直《ぐちょく》に、真面目に、地道に、誠実に取り組み続けることで、自然と欲望を抑えることができます。夢中になって仕事に打ち込むことにより、怒りを静め、愚痴《ぐち》を慎むこともできるのです。また、そのように日々努めていくことで、自分の人間性も少しずつ向上させていくことができるのです。

その意味では、「働くこと」は、修行に似ています。

7日 打ち込む

自分の仕事がどうしても好きになれないという人は、とにかくまずは一所懸命、一心不乱に仕事に打ち込んでみることです。そうすることで、苦しみの中から喜びがにじみ出るように生まれてくるものです。

「好き」と「打ち込む」はコインの表と裏のようなもので、その因果関係は循環《じゅんかん》しています。好きだからこそ仕事に打ち込めるし、打ち込んでいるうちに仕事を好きになってくるものです。

8日 天　職

「天職」とは出会うものではなく、自らつくり出すものなのです。

9日 仕事の中に喜びを感じる

人間が本当に心からの喜びを得られる対象は、仕事の中にこそある。仕事をおろそかにして趣味や遊びの世界に喜びを見出そうとしても、一時的には楽しいかもしれないが、決して心から湧《わ》き上がるような喜びを味わうことはできないはずだ。真面目に一所懸命仕事に打ち込み、つらさや苦しさを超えて何かを成し遂げたときの達成感。それに代わる喜びはこの世にはない。

10日 成功と失敗は紙一重

成功する人と、そうでない人の差は紙一重《かみひとえ》だ。成功しない人は、必ずしも責任感がないわけではない。違いは、粘り強さと忍耐力だ。失敗する人は、壁に行き当たったときに、体裁のいい口実を見つけて努力をやめてしまう。

11日　素直な心　①

「素直な心」とは進歩の親です。素直な心があればこそ、人間は成長、進歩していくからです。

この「素直な心」の大切さを説かれたのは、松下幸之助さんでした。幸之助さんは、小学校さえも満足に行かれていないのに、松下電器（現パナソニック）という大企業をつくり上げられましたが、その原動力とは、まさに素直な心なのです。

12日　素直な心　②

素直な心とは、自分自身のいたらなさを認め、そこから努力を始めるという謙虚な姿勢のことです。

とかく能力のある人ほど、人の意見を聞かず、たとえ聞いても反発するものです。しかし本当に伸びる人は、素直な心を持って人の意見をよく聞き、常に反省し、自分自身を見つめることのできる人です。

自分にとって耳の痛い言葉こそ、自分を伸ばしてくれるものだと受け止める謙虚な姿勢が必要です。

13日 もっといいやり方はないか ①

私は技術者あがりのせいもあって、これでいいのか、もっといいやり方はないかという疑問を、いつも自分に投げかけることを習い性としてきました。そういう目で見れば、雑用ひとつとっても、そこに工夫の余地は無数にあるものです。

どんなに小さなことにも工夫改良の気持ちを持って取り組んだ人と、そうでない人とでは、長い目で見ると驚くほどの差がついているものです。

14日 もっといいやり方はないか ②

昨日の努力に少しの工夫と改良を上乗せして、今日は昨日よりもわずかながらでも前進する。その、よりよくしようという姿勢を怠らないことが、後に大きな差となって表れてくる。決して通い慣れた同じ道は通らないということが、成功に近づく秘訣《ひけつ》なのです。

15日　もうダメだというときが仕事の始まり

一つのことをやり始めたら、それをやり抜く執念、また達成するまで継続する力が、成功のための必須《ひっす》条件となります。

「もうダメだ」と思った時点を終点とせず、仕事の再スタート地点と考え、成功を手にするまでは絶対に諦めない粘り強さ。自分に限界を設けない、あくなき挑戦心――それこそがピンチをチャンスに変え、失敗さえ成功に結びつけることを可能とするのです。

16日　愚直さを喜ぶ

もし今、「真面目に働く」ことしか自分には能がないと嘆くような人がいたら、その「愚直さ」こそを喜べと言いたい。

つまらないように見える仕事でも、粘り強く続けることができる、その「継続する力」こそが、仕事を成功に導き、人生を価値あるものにすることができる、真の「能力」なのです。

17日 創造者の責務

「もう、これ以上のものはない」と確信できるものが完成するまで努力を惜しまない。

それが創造という高い山の頂上をめざす人間にとって非常に大事なことであり、義務ですらあるのです。

18日 誰にも負けない努力

いくら人並みの努力を続けても、みんなが等しく努力を重ねている中にあっては、ただ当たり前のことをしているだけです。人並み以上の誰にも負けない努力を続けていかなければ、大きな成果など期待することはできないでしょう。

「誰にも負けない努力」とは「ここまでやったからいいのだ」といったように、ゴールがあるものではありません。終点を設けず、先へ先へと設定されるゴールを果てしなく追いかけていく。そんな無限に続く努力のことです。

19日 ①インスピレーションの源

真にクリエイティブなインスピレーションは、神からの啓示を願うほどの切羽《せっぱ》つまった状況、そして謙虚で真摯《しんし》な態度からしか生まれてこない。そのためには、まず困難に真正面から取り組む姿勢が必要なのだ。

20日 ②インスピレーションの源

人はインスピレーションを外に求めがちだ。しかし私は、内に求める。自分が今やっている仕事の可能性をとことん追求して、改良を加えていくと、想像もつかないような大きな革新を図ることができる。

21日 両極端を併せ持つ

バランスの取れた人間性を持たなければならない。つまり、慎重さと大胆さの両方が必要なのだ。一つの人格の中に、相反する両極端を併せ持ち、局面によって正常に使い分けられる人間でなければならない。

22日 本物になる人

大胆なだけでは、パーフェクトな仕事はできません。繊細《せんさい》なだけでは、新しいことにチャレンジする勇気は生まれません。仕事をする場合、どうしても豪快さと緻密さという、二律背反するような性格を備え、局面によって使い分けられる人が必要です。

私は、繊細でシャープな神経の持ち主が、場数《ばかず》を踏むことによって、真の勇気を身につけていったときにはじめて、本物になると思っています。

23日　ベストではなくパーフェクト

ベストという言葉は、他と比較して、その中では最もいいといった意味で、いわば相対的な価値観である。したがって、レベルの低いところでもベストは存在する。しかし、私がめざすのはベストではなく、パーフェクトである。パーフェクトはベストとは違って絶対的なものだ。他との比較ではなく、完全な価値を有したもので、他がどうであれ、パーフェクトを超えるものは存在し得ない。

24日　志に拠って立つ

固い志に拠《よ》って立つ人は、目標へと続く道筋が眼前《がんぜん》から消え去ることは決してない。たとえ途中でつまずいても、くじけても、また立ち上がって前へ前へと進むことができる。逆に、志なき人の前には、いかなる道もひらかれることはない。

25日 商いの極意

商《あきな》いの極意は、お客様から信用されることだと言われている。もちろん、信用は商売の基本だが、信用の上に徳が求められ、お客様から尊敬されるという次元がある。尊敬にまで達する、お客様との絶対的な関係を築くこと、それこそが真の商いではないだろうか。

26日 利益を誇りに思う

利益を追求することは決して恥ずべきことではない。自由競争の原理が働いているマーケットにおいて、堂々と商いを行い、得た利益は正当なものだ。むしろ、経営者と従業員が額《ひたい》に汗して勝ち取った利益だから、誇りに思うべきものなのだ。

27日 利を求むるに道あり、利を散ずるに道あり

企業である限り、利益を追求することは当然である。しかし、利益を追求するにあたっては、人間として守るべき道理がある。人をおとしめたり、騙《だま》したりするなど、悪どいやり方で利益を求めてはいけない。

また、たとえ正当な方法によって得られた利益であっても、その使い途《みち》は道理に沿ったものでなければならない。私利私欲のためではなく、世のため人のために使われるべきである。

28日 額に汗して得た利益

「額に汗して自分で稼いだお金だけが、本当の〝利益〟なのだ」。私にはそんなきわめて単純な信念がありました。それは、人間として正しいことを貫《つらぬ》くという原理原則に基づいたものでした。ですからバブルのときに、利益が得られると投資の誘いを受けても、「欲張ってはならない」と自戒することはあっても、心を動かされることはなかったのです。

29日 土俵の真ん中で相撲をとる

「土俵の真ん中で相撲をとる」とは、常に土俵の真ん中を土俵際だという気持ちで何事にも臨《のぞ》むということです。

そうすれば、万一予期しないトラブルが発生しても、余裕があるため、十分な対応が可能となります。

常に安全弁《べん》を置き、確実に進めていく、それが仕事をするということなのです。

3月

松風工業時代の寮（松風園常磐寮）でくつろぐ

1日　六つの精進　①

心を磨く指針として、次のような「六つの精進」が大切ではないかと考えてきた。

① 誰にも負けない努力をする

人よりも多く研鑽《けんさん》する。また、それをひたむきに継続すること。不平不満を言うひまがあったら、一センチでも前へ進み、向上するように努める。

② 謙虚にして驕らず

「謙《けん》は益《えき》を受く」という中国古典の一節のとおり、謙虚な心が幸福を呼び、魂を浄化させることにもつながっていく。

2日　六つの精進　②

③ 反省ある毎日を送る

日々の自分の行動や心のありようを点検して、自分のことだけを考えていないか、卑怯《ひきょう》な振る舞いはないかなど、自省自戒《じせいじかい》して、改めるよう努める。

④ 生きていることに感謝する

生きているだけで幸せだと考えて、どんな小さなことにも感謝する心を育てる。

3日　六つの精進　③

⑤　善行、利他行を積む

「積善《せきぜん》の家に余慶《よけい》あり」。善を行い、他《た》を利する、思いやりある言動《げんどう》を心がける。そのような善行《ぜんこう》を積んだ人にはよい報いがある。

⑥　感性的な悩みをしない

いつまでも不平を言ったり、しかたのない心配にとらわれたり、くよくよと悩んでいてはいけない。そのためにも、後悔をしないくらい、全身全霊を傾けて取り組むことが大切である。

4日　六つの精進　④

「六つの精進」を毎日実践し続けていけば、やがて自分の能力以上の素晴らしい人生が開けていくのではないかと思いますし、事実、私自身はそのようにして人生を歩んできました。

素晴らしい人生、幸福な人生、平和な人生を得たいと思うならば、また立派な企業経営をしたい、社員に喜んでもらえるような素晴らしい経営をしたいと思うならば、この「六つの精進」を忠実に守ることが大切です。

5日　リーダーの自信

リーダーシップを発揮するには、「自分はいつも公明正大《こうめいせいだい》だ」と言えるだけの迫力が必要です。「一切不正なことはしていない」と言い切れるところに迫力は生じるし、その公明正大さが経営者に自信を与え、困難な局面に立ち向かう勇気を湧き立たせてくれるのです。

6日　経営者の勇気

経営者はまず、集団のために自己犠牲を払うことをも厭わないような高潔《こうけつ》な哲学を持っていなければならない。取り巻く環境がいかに変わろうとも、たとえば事業が成功し、名誉と多額の収入を得るようになったとしても、自分の欲望を抑制する克己心《こっきしん》、真の正義を重んじる勇気を持っていなければならない。

7日　心をベースにした経営

私は、人の心をベースにした経営を行ってきました。言い換えれば、どのようにすれば、強固で信頼し合える心の結びつきというものを企業内において実現できるかということに、焦点《しょうてん》を絞《しぼ》って経営を進めてきました。愛されるためには愛さなければならないように、心をベースにした人間関係を築くには、素晴らしい心の持ち主に集まってもらえるような素晴らしい心を、経営者自らが持たねばなりません。

8日　心は心を呼ぶ

確かに人の心ほど、はかなく移ろいやすく頼りのないものもありません。しかし、世の中でこれくらい強固で重要なものもないのではなかろうかと思います。歴史をひもといてみても、人の心の結びつきがもたらした偉大な業績は枚挙《まいきょ》にいとまがありません。また逆に、人心の荒廃《こうはい》が、集団の崩壊をもたらした例もわれわれは数多く知っています。心は心を呼ぶということを忘れてはなりません。

9日 大善は非情に似たり ①

人間関係の基本は、愛情を持って接することにあります。しかし、それは盲目の愛であったり、溺愛《できあい》であってはなりません。

上司と部下の関係でも、信念もなく部下に迎合する上司は、一見愛情深いように見えますが、結果として部下をダメにしていきます。これを小善《しょうぜん》といいます。「小善は大悪《だいあく》に似たり」と言われますが、表面的な愛情は相手を不幸にします。

10日 大善は非情に似たり ②

逆に信念を持って厳しく指導する上司は、けむたいかもしれませんが、長い目で見れば、部下を大きく成長させることになります。これが大善《だいぜん》です。

真の愛情とは、どうあることが相手にとって本当によいのかを厳しく見極めることなのです。

「大善は非情《ひじょう》に似たり」。周りから見れば厳しすぎると思える行為も、それはその人を大きく育てるために必要な愛のムチなのです。まさに非情と思えるその行為こそが、大善なのです。

11日 なぜ長期計画を立てないか

私は、長期の経営計画を立てたことはありません。今日のことさえうまくいかず、明日も分からないのに、十年先が見えるわけがないと思っていたからです。そのため私は、今日一日を一所懸命に過ごそう、そして今日一日一所懸命に仕事をし、さらに工夫を重ねれば、明日が見えてくるだろうと考えてきました。そして、その一日の連続が、五年たち、十年たつと、大きな成果になっているだろうというように考えたのです。

12日 楽観的に構想し、悲観的に計画し、楽観的に実行する

新しいことを成し遂げるには、「こうありたい」という夢と希望を持って、楽観《らっかん》的に目標を設定することが大切です。

しかし、計画の段階では、悲観的に構想を見つめ直し、起こり得るすべての問題を慎重に考え尽くさなければなりません。

そして、実行段階においては、「必ずできる」という自信を持って楽観的に明るく実行していかなければならないのです。

13日 才子の落とし穴

私があまり才子《さいし》を買わないのは、才子というのは往々《おうおう》にして、今日をおろそかにする傾向があるからです。才子はその才知ゆえになまじ先が見えるから、つい、今日一日をじっくり生きる亀の歩みを厭い、脱兎《だっと》のごとく最短距離を行こうとする。しかし、功を焦るあまり、思わぬところで足をとられることもまた少なくありません。

14日 雄弁家

雄弁《ゆうべん》な人は、往々にして言葉をもてあそぶ。相手に自分のことを理解してもらいたいのであれば、感情を分かち合うことだ。変に技巧《ぎこう》に走らず全身全霊を傾けて、誠実に話すのだ。誠実さこそが、聞き手と話し手を結びつける。

15日 「プラス方向」の考え方

仕事や人生を実り多きものにしてくれる、正しい「考え方」をご紹介したい。

・常に前向きで、建設的であること。
・みんなと一緒に仕事をしようと考える協調性を持っていること。
・明るい思いを抱いていること。
・肯定的であること。
・善意に満ちていること。
・思いやりがあって、やさしいこと。
・真面目で、正直で、謙虚で、努力家であること。
・利己的ではなく、強欲《ごうよく》ではないこと。
・「足るを知る」心を持っていること。
・そして、感謝の心を持っていること。

将来を担《にな》うべき若い人々が、このような「考え方」を持って一所懸命に働くことを通じ、素晴らしい人生を歩まれることを心から願っている。

16日 チャンスをつかむ人

素晴らしいチャンスは、ごく平凡な情景の中に隠れている。それは強烈な目標意識を持った人の目にしか映らないものだ。

17日 未来進行形で考える

目標を立てるときには、「自分の能力以上のもの」を設定する——それが私の考えです。

今の自分では「とてもできそうもない」と思われるほどの困難な目標を、「未来の一点で達成する」ということを決めてしまうのです。

そして、その「未来の一点」にターゲットを合わせ、現在の自分の能力をその目標に対応できるまで高める方法を考えていくのです。

18日 能力を伸ばす方法

一見「無理だ」と思える高い目標にもひるまず、情熱を傾けて、ひたむきな努力を惜しまない。そのように努めることが、私たちの能力を、自分自身も驚くほど伸長させる。あるいは眠っていた潜在《せんざい》能力を大きく開花させていく。

19日 高い目標が大きな成功をもたらす

高い目標を設定する人には大きな成功が得られ、低い目標しか持たない人にはそれなりの結果しか得られない。

自ら高い目標を設定すれば、そこに向かってエネルギーを集中させることができ、それが成功の鍵となる。

20日 高い目標を掲げ達成する

高い目標を掲げながら、あまりにその道のりが遠ければ、目標自体を断念《だんねん》してしまう。

眼前の一日しか見なくていい。今日一日を懸命に努める。その一日は尺《しゃく》取り虫みたいな歩みだが、気がつけば思いも寄らないところにまで到達しているものだ。

21日 可能性を信じることから生まれるもの

新しいことを成し遂げられる人は、自分の可能性をまっすぐに信じることができる人だ。可能性とはつまり、「未来の能力」のこと。現在の能力で、できる、できないを判断してしまっては、新しいことや困難なことはいつまでたってもやり遂げられない。

22日 寝ても覚めても思い続ける

強烈な願望とは、「寝ても覚めても忘れない」願望のことです。たまに思い出す程度の、すぐ忘れてしまうような思いは強烈な願望とは言わないのです。それは例えて言えば、惚《ほ》れてしまって、もう寝ても覚めてもその人のことばかり思っているという、そういう状態です。そういう状態が「強烈な願望を心に抱く」ということです。

23日 状況妄動型の人間

状況妄動《もうどう》型の人間であってはならない。状況妄動型とは、「こうしたい」と思っても、社会情勢、経済情勢などから、すぐに実現困難であると諦めてしまう人のことを言う。一方、心の奥底からこうありたいという強い願望を持った人であれば、周囲の環境がいかに難しくとも、願望を実現するための方法を考えていく。そこに努力と創意が生まれてくる。

24日 創造的な仕事とは

創造的な仕事とは、高度な技術を開発することばかりではない。今日よりは明日、明日よりは明後日と創意工夫をこらし、改良、改善を積み上げていくことも、立派な創造なのである。

25日 潜在意識を活かす

潜在意識には、複雑な判断を正しくかつ容易に下す力がある。強烈な出来事やたび重なる経験は、潜在意識に蓄積《ちくせき》される。そして顕在《けんざい》意識に代わって驚くべき速さで、正しい判断をするようになる。つまり、あらゆることを真剣に繰り返すことにより、迅速《じんそく》に正しい判断を下せるようになるのだ。

26日 製品の語りかける声に耳を傾ける

愛情を持って、謙虚な目で製品をじっと観察することで、神の声にも似た「製品の泣き声」が必ず聞こえてきます。つまり、製品の不良や機械の不具合が自然と見えてきて、製品のほうから、また機械のほうから、「こうしたらどうだ」と問題解決の糸口をささやきかけてくれるのです。それはちょうど、優れた医師が心拍《しんぱく》音や心拍数の異変から、立ちどころに患者の身体の異常を感知するのに似ています。

27日 実体験が財産となる

偉大な仕事をなしうる知恵は、経験を積むことによってしか得られない。自らが身体を張って取り組んだ実体験こそが、最も貴《とうと》い財産となる。

28日 一つを究める

一つのことに打ち込み、それを究《きわ》めることによって、人生の真理を見出し、森羅万《しんらばん》象《しょう》を理解することができるようになる。もし広くて浅い知識しかなければ、それは何も知らないことと同じだ。

29日 能力は向上する

「能力を未来進行形でとらえる」ことができる者が、困難な仕事を成功へと導くことができる。「何としても夢を実現させよう」と強く思い、真摯な努力を続けるならば、能力は必ず向上し、道はひらけるのである。

30日　夢は人生の飛躍台

私たちはいくつになっても夢を語り、明るい未来の姿を描ける人間でありたいものだ。夢を抱けない人には創造や成功がもたらされることはないし、人間的な成長もない。なぜなら、夢を描き、創意工夫を重ね、ひたむきに努力を重ねていくことを通じて、人格は磨かれていくからだ。夢や思いというのは人生のジャンプ台である。

31日　人生は素晴らしい

自分の人生は素晴らしく明るいと信じて、困難、苦労、苦難にめげず、未来を明るく描いていく。厳しい現実の中で、つい負けそうになる自分を励ましながら、明るく振る舞っていく。そのような姿勢こそが人生をひらいていくのです。

4
月

1959年、京都セラミック株式会社の正門前にて

1日 人生の目的

われわれは、運命と因果応報の二つの法則によって波瀾万丈《はらんばんじょう》の人生を生きている。その波瀾万丈の人生の中で心を高め、心を純化し、人格を磨いていく。それが人生の目的である。

2日 魂を磨く

死を迎えるときには、現世でつくり上げた地位も名誉も財産もすべて脱ぎ捨て、魂だけ携《たずさ》えて新しい旅立ちをしなくてはならない。

俗世間《ぞくせけん》に生き、さまざまな苦楽《くらく》を味わい、幸不幸の波に洗われながらも、やがて息絶えるその日まで、倦《う》まず弛《たゆ》まず一所懸命生きていく。そのプロセスそのものを磨き砂として、おのれの人間性を高め、精神を修養し、この世にやってきたときよりも高い次元の魂を持ってこの世を去っていく。このことより他に、人間が生きる目的はない。

3日　満は損を招き、謙は益を受く

中国の古典『書経』に、「満は損を招き、謙は益を受く」という言葉があります。古来、満ち足りて驕《おご》り高ぶる者は大きな損失を被り、一方、常に謙虚に、「相手に善かれかし」と考えている者は、素晴らしい幸運を勝ち取る。

これは、まさに時代を超えた世の道理であり、それは二十一世紀の今日も決して変わることはないはずです。

4日　すべてに「善かれかし」

すべてに対して「善かれかし」という利他の心、愛の心を持ち、努力を重ねていけば、宇宙の流れに乗って、素晴らしい人生を送ることができる。対して、人を恨んだり憎んだり、自分だけが得をしようといった私利私欲《しりしよく》の心を持つと、人生はどんどん悪くなっていくのです。

5日 いい仕事をするために

いい仕事をするためには、仕事と自分の距離をなくして、「自分は仕事、仕事は自分」というくらいの不可分の状態を経験してみることが必要です。

すなわち、心と身体ごと、仕事の中に投げ入れてしまうほど、仕事を好きになってしまうのです。いわば仕事と「心中」するくらいの深い愛情を持って働いてみないと、仕事の真髄をつかむことはできません。

6日 仕事のエネルギー

仕事をやり遂げるためにはたいへんなエネルギーが必要です。そしてそのエネルギーは、自分自身を励まし、燃え上がらせることで起こってくるのです。

自分が燃える一番よい方法は、仕事を好きになることです。どんな仕事であっても、それに全力で打ち込んでやり遂げれば、大きな達成感と自信が生まれ、また次の目標へ挑戦する意欲が生まれてきます。

その繰り返しの中で、さらに仕事が好きになります。そうなれば、どんな努力も苦にならなくなり、素晴らしい成果をあげることができるのです。

7日 天風哲学

中村天風《てんぷう》さんは、私の人生において、精神的、哲学的にたいへん大きな影響を与えた方です。

その天風さんは、次のように言っておられます。

「自分には輝くような未来が待っているのだ、素晴らしく明るくて、幸せな人生が拓けていくのだと、それをただ一点、建設的に、ポジティブに、前向きに思い、明るく人生を考えなさい。決して陰々滅々《いんいんめつめつ》とした暗い思いを持ってはなりません」

天風さんがひらかれた天風哲学はたいへん深遠なものですが、我々凡人《ぼんじん》に対しても分かりやすいように、「明るく前向きに考えていきなさい」と、単純な言葉で諭しておられるわけです。

8日 人の上に立つ人

人の上に立つ者には才覚よりも人格が問われる。人並みはずれた才覚の持ち主であればあるほど、その才におぼれないよう、つまり、余人《よじん》にはない力が誤った方向へ使われないようコントロールするものが必要になる。それが徳であり、人格なのだ。

9日 「思い」の力

純粋な美しい「思い」は、どんなに優れた知性にもまさる、強大なパワーを持っている。「他《た》に善かれかし」と願う、美しい「思い」には、周囲はもちろん天も味方し、成功へと導かれる。一方、いくら知性を駆使し、策を弄しても、自分だけよければいいという低次元の「思い」がベースにあるなら、周囲の協力や天の助けも得られず、さまざまな障害に遭遇《そうぐう》し、挫折してしまうのです。

10日　本能を抑える

人間は、しばしば本能をベースとして判断を行う。しかし、それでは動物と同じだ。本能を抑えなければならない。利己的な欲望が出てきたときに、意識してそれを抑え込もうとすることが必要なのだ。そうすることで、理性を発揮し、正しい判断を行うことができる。

11日　判断基準の原点

私は、自分なりの判断基準を持っていた。それは、小さい頃に両親や年長者からしつけられた、「していいこと、してはいけないこと」という教えをベースとした、プリミティブな規範《きはん》でしかなかった。しかし、それは人間として最も基本的な判断基準であった。

12日 原理原則に従う

常に「原理原則」に基づいて判断し、行動しなければならない。「原理原則」に基づくということは、人間社会の道徳、倫理といわれるものを基準として、人間として正しいものを正しいままに貫いていこうということだ。人間としての道理に基づいた判断であれば、時間や空間を超えて、どのような状況においてもそれは受け入れられる。

13日 単純な規範を守る

嘘をついてはいけない
人に迷惑をかけてはいけない
正直であれ
欲張ってはならない
自分のことばかりを
　考えてはならない

誰もが子どもの頃、親や先生から教わったにもかかわらず、大人になるにつれて忘れてしまう単純な規範。これを生きる指針に据《す》え、人生において守るべき判断基準とすべきです。

14日　リーダーたるべき人

会社がうまくいきだすと傲慢《ごうまん》になってしまう経営者や、役職が上がるにつれ、威張るようなリーダーでは、社員の心は離れていってしまいます。地位や名誉、金といった利己の欲望を抑え、集団のために謙虚な姿勢で尽くす「無私」の心を持ったリーダーであれば、部下は尊敬し、心から従ってくれるはずです。

15日　正々堂々

企業経営には、権謀術数《けんぼうじゅっすう》が不可欠だと感じている人が多いかもしれないが、そういうものは一切必要ない。今日一日を一所懸命に生きさえすれば、未来は開けてくる。また、正々堂々と人間として正しいやり方を貫けば運命は開けてくる。

16日 正道を貫く

長い目で見れば、正道《せいどう》を貫くことが、一番楽なことなのです。なぜなら、繕い隠そうとするものが何もないからです。自分の名誉や地位、財産などにこだわりがあり、それを必死に守ろうとして、複雑怪奇《かいき》な策略を企《くわだ》てる、そんなことをするものだから、みんな憔悴《しょうすい》してしまうのです。一方、「そんな下らないものは何もいらない」と思えるようになれば、策など一切弄する必要はありません。これが一番簡単で楽なことなのです。

ただし、それには、自分というものを無にしていかなければなりません。これがたいへん難しく、勇気がいることなのです。

17日 執着からの解脱

人間が一番強くなるのは、執着《しゅうちゃく》から解脱《げだつ》したときだ。「他に善かれかし」と考えれば、その分、我欲《がよく》が引っ込む。心が高まっていくのは、実はここからなのである。

18日 無私

人を動かす原動力は、ただ一つ、公平無私ということだ。

19日 純粋な心

澄《す》んだ純粋な心には真実が見える。しかし利己心に満ちた心には、複雑な事象しか見えない。物事をあるがままに見ることのできる純粋な心を持つよう努力すべきだ。物事をあるがままに見て、さらに自己犠牲を払ってでも成し遂げようという心構えができていれば、克服できない問題などない。

20日 謙虚にして驕らず

人間はある程度成功すると、傲慢になり、自分だけよければいいという利己心が出てくるようになる。しかし、少しばかりの成功で驕り高ぶってしまうようでは、その成功は決して続かない。

どんなに成功しても、相手を思いやるやさしい心を、善き思いを持ち続けることが必要である。

21日 自己犠牲を払う

働きやすい職場を築こうとする場合、それはリーダーが自分の都合を優先した、自分が仕事をしやすい環境ではなく、職場の大多数の人が働きやすい環境でなければならない。リーダーにとってのみ都合のよい職場を望むなら、部下は誰もついてこない。

自分の部下を優先し、彼らが働きやすいと感じる環境を、リーダーが自己犠牲を払って築いてこそ、部下をして奮い立たせ、部下の信頼と尊敬、職場の協調と規律、そして発展が得られるのである。

22日 率先垂範

経営者の働きぶりを見て、従業員が「うちの社長ぐらい努力する人はいない。あれでは身体を壊すのではないか」と感じ、自分たちももっと働こうと思わせるくらいに一所懸命働いていなければ、経営者の指示命令は徹底されない。

23日 闘争心を燃やす

経営には「闘魂《とうこん》」が不可欠だ。もともとは柔弱でケンカもしたことがない、闘魂のかけらも見受けられないけれども、ひとたび経営者となった瞬間に、多くの従業員を守るために敢然《かんぜん》と奮い立つ、そんな経営者でなければ、従業員の信頼を得ることはできない。

なぜ、そのようなことができるのか、それは自分の会社、従業員を何としても守るという強い責任感であろう。その責任感を経営者が持てば、腹はすわってくる。

24日 シンプルにとらえる

私たちはともすると、物事を複雑に考えてしまう傾向があります。しかし、物事の本質をとらえるためには、実は複雑な現象をシンプルにとらえなおすことが必要なのです。事象は単純にすればするほど本来の姿、すなわち真理に近づいていきます。たとえば、一見複雑に思える経営というのも、つきつめてみれば、売り上げを極大に、経費を極小にという単純な原理に尽きるのです。

いかにして複雑なものをシンプルにとらえなおすかという考え方や発想が大切なのです。

25日 身の丈を超える夢を

自分の人生を自分の力でしっかりと創造していける人というのは、必ずその基盤として、大きすぎるくらいの夢、身の丈を超えるような願望を抱いているものだ。私にしても、自分をここまで引っ張ってきてくれた原動力は、若いときに抱いた夢の大きさ、目標の高さだったといってもいいだろう。

26日 夢見る夢夫

私は自分のことを「夢見る夢夫」と呼んでいる。果てしのない夢を次から次へと見続け、その夢の中で事業を展開していく。仕事を離れているときでも、私は願望を常に心に抱いている。

27日 見えるまで考える

夢が大きければ大きいほど、その実現までの距離は遠いものになる。しかし、それでもそれが成就したときの姿や、そこへ至るプロセスを幾度もシミュレーションし、眼前に「見える」まで濃密にイメージしていると、実現への道筋がしだいに明らかに見えてくるとともに、そこへ一歩でも近づくためのさまざまなヒントが、何げない日常生活からも得られるようになっていくものだ。

28日 大家族主義で経営する

経営者と労働者という対立関係ではなく、あたかも親子や兄弟のような関係で、互いに助け合い、励まし合いながら、苦楽を共にしていく。家族のような関係であれば、経営者は従業員の立場や権利を尊重し、従業員は経営者と同様に会社のためを考えて行動できるはずだ。私はこのような関係を、「大家族主義」として、会社経営のベースとしてきた。

29日 お客様第一主義を貫く

お客様に接する姿勢としては、お客様の召使《めしつか》いとも呼べる位置づけを甘んじて受け入れるように言ってきた。「甘んずる」という意味は、嫌々という意味ではない。自ら喜んで、気持ちよくお客様の召使いを務めるように言ってきたのである。

お客様の召使いが務まらないようでは、どんな立派な販売戦略も画《え》に描いた餅《もち》でしかなく、一時的に成功したとしても単発に終わり、持続的な成功を収められるはずはない。お客様に対して徹底的に奉仕をすること、これも経営の大原則の一つである。

30日 完全主義を習い性とする

私は、仕事に関して完全主義だ。完全主義を自分に課し、毎日を生きることはたいへんつらいことだ。しかし、習い性となれば、苦もなくできるようになる。経営者は、完全性を追求することを、日々の習慣としなければならない。

5月

2000年、KDDI設立記念式典にて（右から2人目が著者）

1日 人格＝性格＋哲学

人間が生まれながらに持っている性格と、その後の人生を歩む過程で学び身につけていく哲学の両方から、人格というものは成り立っている。つまり、性格という先天性のものに哲学という後天性のものをつけ加えていくことにより、私たちの人格は陶冶《とうや》されていくのです。

2日 人格は変化する

努力家で謙虚であったはずの人が、いったん権力の座に就《つ》くと、一転、傲岸不遜《ごうがんふそん》になることがあります。一方、身を誤った人間であっても、心を入れかえ、研鑽と努力を重ねて、素晴らしい人格者に一変した例もあります。

リーダーを選ぶにあたり、「人格」というものが、絶えず変化していくものであることを忘れてはなりません。

3日 人間として正しいこと

現在の社会は、不正が平然と行われていたり、利己的で勝手な行動をとる人がいたりと、決して理想的なものではないかもしれません。しかし、世の中がどうであろうと、私は「人間として何が正しいか」を自らに問い、誰から見ても正しいことを、つまり、人間として普遍的に正しいことを追求し、理想を追い続けようと決めたのです。

4日 大切な価値観

「人間として正しいことを追求する」ということは、どのような状況に置かれようと、公正、公平、正義、努力、勇気、博愛、謙虚、誠実というような言葉で表現できるものを最も大切な価値観として尊重し、それに基づき行動しようというものです。

5日 筋は通っているか

物事に筋が通っているか、すなわち道理に適《かな》っているかどうかを判断するためには、単に論理的に矛盾がないかということだけではなく、それが人としてとるべき道に照らし合わせて、不都合がないかということの確認が必要だ。

6日 正道に困難はつきもの

世の中の多くがご都合主義、あるいは自分の利害得失で生きている中で、真面目に、原理原則を貫いて生きていこうと思えば、いろいろと困難に遭遇してしまう。しかし、正道を実行する人が困難に遭遇するのは当然のことだ。だからこそ、困難を楽しむくらいの境地にならなければ、正道を実践し続けることはできない。

7日 渦の中心に立つ

会社など集団の中で仕事を円滑に進めていくには、それがどんな仕事であれ必ず、エネルギッシュに中心的役割を果たしてくれる人が必要となります。

そのような人を中心にあたかも上昇気流が湧き起こるかのように、全員を巻き込んで組織が大きく動いていく。そんな自分から積極的に仕事に向かい、周囲に働きかけ、仕事をダイナミックに進めていける人を、私は「渦《うず》の中心で仕事をしている人」と表現しています。

8日 本音でぶつかれ

経営課題を解決していこうと思えば、「あなたのやり方のここが問題だと思います。こうすべきでしょう」と幹部同士でもズバズバ本音で議論しなければならないのに、ストレートなものの言い方をして人間関係が壊れてしまっては困ると、どうしても建前《たてまえ》で話をしてしまう。

経営では毎日が修羅場ですから、建前論で済ませられるわけがない。会社を伸ばしていこうと思えば、本音をぶつけ合わなければならないのです。

9日 リーダーの資質 ①

リーダーの資質について、中国の明代《みんだい》の著名な思想家である呂新吾《りょしんご》は、政治のありかたを説いた著書『呻吟語《しんぎんご》』の中で、「深沈《しんちん》厚重《こうじゅう》ナルハ是《こ》レ第一等ノ資質」と述べています。つまり、リーダーとして一番重要な資質とは、常に深く物事を考える重厚な性質を持つ人格者であるべきだ、と言っているのです。

さらに呂新吾は、同じ『呻吟語』の中で、「聡明才弁《そうめいさいべん》ナルハ是レ第三等ノ資質」と述べています。つまり、頭がよくて才能があり、弁舌が立つことは、三番目の資質でしかない、と言っています。

10日 リーダーの資質 ②

現在では、呂新吾が言う第三等の資質しか持っていない人、つまり、聡明才弁の人をリーダーに選ぶことが、世の東西を問わず、広く行われています。たしかにこのような人材は能吏として役に立つことは間違いありません。しかし、彼らが果たして立派なリーダーとしての人格を備えているかどうかは疑問だと思うのです。

私は現在、世界の多くの社会が荒廃している原因は、このように第三等の資質しか持っていない人材をリーダーとして登用しているからだと思うのです。

11日　心にある障壁

より高く自らを導いていこうとするならば、あえて幾重《いくえ》に立ちふさがる障壁《しょうへき》に立ち向かっていかなければならない。そして一番大きな障壁は、安逸《あんいつ》を求める自分自身の心だ。自分自身に打ち勝つことにより、障壁を克服し、卓越《たくえつ》した成果をあげることができる。

12日　信念、志、勇気

先賢《せんけん》の高邁《こうまい》な知識をどんなに学んでも、経営論や技術論をいくら習っても、道を究めようという強い信念、高い志、勇気を持って臨まなければ、身に心に深く刻み込まれることはない。それでは、いざ実践しようというときに役に立たない。

13日 活路を開く

豊かな時代に、新たな活路《かつろ》を開くには、自分を極限《きょくげん》にまで追い込める強さと勇気を持たなければならない。

14日 創造のプロセス

創造というものは、意識を集中し、潜在意識を働かせて、深く考え続けるという苦しみの中から、ようやく生まれ出るものだ。決して単なる思いつきや生半可な考えから得られるものではない。

15日 真の無頼性

ビジネスにおいても、科学、芸術の世界においても、イノベーションを起こそうとするなら、自由な精神がなければ、真の成功を期すことはできない。

つまり、独立心を持つこと、人に頼らないことだ。安易《あんい》に妥協《だきょう》したり、分かったふりをしないことだ。頼らないということは、自由だということ。他に頼らず、自分に頼らなければならない。創造的な領域では、真の無頼性《ぶらいせい》が求められる。

16日 素人の発想

新しい事業を発展させるためには、何にもとらわれない自由な発想が必要である。また、そのような自由な発想は既成概念《きせいがいねん》に染まりきった専門家からではなく、素人から生まれるものだ。

17日 現場には神がいる

仕事の現場には、神がいる。どんなに工夫をこらし、試行錯誤《しこうさくご》を重ねてもうまくいかず、壁にぶち当たって万策《ばんさく》尽きたと思えることがある。そういうときはいったん冷静になって、もう一度周囲を観察し直してみることだ。すると神の声が聞こえてくる。現場や製品のほうから、「こうしたらどうだ」と解決のヒントをささやきかけてくることがある。

18日 答えは現場にある

答えは常に現場にある。しかしその答えを得るには、心情的には仕事に対する誰にも負けない強い情熱や、深い思い入れを持つことが必要である。

19日 羅針盤なき航海

創造的な領域では、基準とするものがない。真っ暗闇で嵐が吹きすさぶ海原《うなばら》を、羅《ら》針盤《しんばん》も持たず航海していくようなものだ。創造の領域では自分自身の中に羅針盤を求めて、方向を定め、進んでいかなければならない。

20日 信じる道を行く

これが正しい道だと固く信じているのであれば、その道がどんなに険しかろうと、どんな悪天候に遭遇しようと、その道をまっすぐ頂上まで登るべきだと、私は心に決めた。以来私は全員が一緒に頂上に到達できるように、他人へと同様、自分にも常に厳しい姿勢で臨み続けた。安易な道はたいていの場合、ゴールへ導いてくれないのである。

21日 理想をめざす

最初に到達すべき理想を描き、どんな障害があろうと、まっしぐらに進んでいく。めざす頂が明確に見えているからこそ、峻険《しゅんけん》な岩場に果敢に挑戦し、それを越えて、何があっても登ろうという気力が生まれるのだ。

22日 持てる力を出し切る

「おまえがそこまで努力したのなら、その願望が成就するよう助けてやらなくてはなるまい」と、神が重い腰を上げるくらいまでの徹底した仕事への打ち込みが、困難な仕事にあたるとき、また高い目標を成し遂げていくときには絶対に必要になるのです。

23日　無限の可能性を信じる

絶対に「できない」と言ってはなりません。難しい課題を前にしたら、まずは自分の無限の可能性を信じることです。

「今はできないかもしれないが、努力をすればきっとできるはずだ」と、まずは自分の可能性を信じ、次に必要となる能力をいかに伸ばしていくかを、具体的に考え尽くしていかなければなりません。それこそが明るい未来へと続く扉を開けることになるのです。

24日　解決の糸口

どんなことがあっても成功を勝ち取るのだ、という切迫した気持ちを持つ。加えて物事を素直に見られる謙虚な姿勢を忘れない。そうすれば、ふだんは見過ごしてしまうような、ごく小さな解決への糸口を見つけることができる。

25日 失敗から学ぶ

　将来を見通すことができるなら、状況に適した行動をとれるように人生を計画することができる。しかし反面、若いときに失敗や苦労を経験したために、人間として成長し、人生を強く生きることができる。ただし、そのためには、自分自身を客観的に見る素直さを持ち、過去の失敗から学ぼうとする謙虚な心を持って一所懸命努力することが必要だ。

26日 反省を習慣化する

　忙しい毎日を送っている私たちは、つい自分を見失いがちである。そうならないためには、意識して反省をする習慣をつけなければならない。反省ある日々を送ることにより自分の欠点を直すことができ、人格を高めることができる。

27日 感性的な悩みをしない ①

感性的、感覚的なことで悩んだり、ふさぎ込んではいけない。現世では、頭を悩まし、心を惑わすようなことはいくらでも起きてくる。そんなことで心労にとらわれても、何も解決しない。そんなことより精進に努めることだ。そうすれば、必ず魂は磨かれ、心は高まり、運命は開かれていく。

28日 感性的な悩みをしない ②

人生や仕事で起きる障害や問題に、感情や感性のレベルでとらわれても何も解決しない。苦しければ苦しいほど、理性を使うべきだ。合理的に考え尽くし、一所懸命に努力をし、まさに「人事を尽くし」たなら、あとはうまくいくのだろうかなどと余計な心配はせず、ただ成功を信じて「天命を待つ」ことだ。

29日 万病に効く薬

一所懸命に働くことが、人生を素晴らしいものに導いてくれるのです。働くことは、まさに人生の試練や逆境さえも克服することができる「万病《まんびょう》に効く薬」のようなものです。誰にも負けない努力を重ね、夢中になって働くことで、運命も大きく開けていくのです。

30日 仕事をする人の完成

ラテン語に、「仕事の完成よりも、仕事をする人の完成」という言葉があるそうですが、その人格の完成もまた仕事を通じてなされるものです。いわば、哲学は懸命の汗から生じ、心は日々の労働の中で練磨《れんま》されるのです。

31日 人生のバイブル

私は、「善きことを思い、善きことをするときには、天地が味方する」ということを人生のバイブルとしてこれまで歩んできた。

6月

2010年JAL会長就任後、現場を視察する著者（中央）

1日 夢に酔う

ビジネスを成功させるためには、夢を抱いてその夢に酔うということがまず必要だ。夢に酔っていればこそ、それを実現させる情熱が湧いてくる。もちろん、実際に事業に着手したら、いつまでも夢に酔っているのではなく、スタートした瞬間から、理性的に判断し、無用な危険を避け、実際的な方策について考え尽くし、仕事を成功に導くようにしなければならない。

2日 できない理由

できない理由を並べ立てる人がいる。それでは新しい事業を達成することはできない。何もないことを前提として、目標を達成するために必要な人材や設備、技術をどう調達するかを考えなくてはならない。

3日 大胆に構想する

今まで誰も試みなかった前例のないことに挑戦するときには、周囲の反対や反発は避けられない。それでも、自分の中に「できる」という確固とした思いがあり、すでに実現しているイメージが描けるならば、大胆に構想を広げていくべきだ。

4日 繊細に取り組む

製品には、つくった人の心が表れる。粗《そ》雑《ざつ》な人がつくったものは粗雑なものに、繊細な人がつくったものは繊細なものになる。

5日 いい仕事をする条件 ①

いい仕事をするために必要不可欠なこと――それは何でしょうか。

一つは、「細部まで注意を払うこと」。

雑用のような単純作業でも、いや、単純作業であるからこそ、丹念にていねいにこなす必要があります。「神は細部に宿りたまう」というドイツの格言があるように、仕事の本質は細部にあります。いい仕事は、細部をおろそかにしない姿勢からこそ生まれるものなのです。

6日 いい仕事をする条件 ②

二つには、「理屈より経験を大切にすること」。

ものづくりでは、教科書を読むと、こうやればいいと書いてあります。理論的にはそのとおりなのですが、実際にはそう簡単ではありません。現場で実際に手を汚し、試行錯誤を繰り返してみないと分からないことのほうが多いもので、理論と経験則がかみ合ってこそ、素晴らしい技術開発が可能になるのです。

7日　いい仕事をする条件 ③

そして三つ目は、「地道な作業を続けていくことを厭わないこと」。

仕事は、日々、継続してこそ進歩があります。地味《じみ》な仕事を、日々続けていく中でこそ、確かな技術と経験が蓄積されていくのです。そのような地味な努力を厭わず、「継続する力」がない限り、優れたものづくり、自他ともに満足するような仕事は不可能と言っていいでしょう。

8日　好きなればこそ

京セラをつくってからというもの、私は朝早くから夜遅くまでずっと仕事に打ち込んできました。近所の人から「おたくのご主人は一体何時に帰ってこられるのですか」と呆れられたり、田舎の両親からも「そんなに働いたのでは身体を壊してしまう」と頻繁《ひんぱん》に心配する手紙が届きました。はたから見ればたいへんに思えるのでしょうが、本人は好きでやっているのですからつらくもないし、疲れもそれほど感じないのです。

9日 好きこそものの上手なれ

「好き」こそが最大のモチベーションであり、ひいては成功への道筋になる。

好きであれば、自然に意欲も湧くし努力もするので、最短距離で上達していく。人から見ればたいへんな苦労も、本人には苦どころか、楽しみとなる。

10日 自分に打ち勝つ

ガリ勉を非難してはならない。ガリ勉とは遊びに興《きょう》じたり、テレビを見たりという、目先の快楽を求めようとする自分自身に打ち勝つことだ。遊びたい気持ちを抑えて、懸命に勉強に励んだに違いない。そのような自分自身に打ち勝つ強さが、人生という長い旅路で成功するためには必要なのだ。

11日 試練は人生の分岐点

私は、人間的成長には「試練」が不可欠だと考えている。

「試練」に直面したときに、打ち負かされてしまうのか、妥協してしまうのか。それとも、「試練」に対峙《たいじ》し、苦難を克服しようと、さらに努力を重ねることができるのか。ここに人生の分岐点《ぶんきてん》がある。

12日 試練は幸福をもたらす

試練を、絶好の成長の機会としてとらえることができる人、さらには、人生とは心を高めるために与えられた期間であり、魂を磨くための修養の場であると考えられる人――。そういう人こそが、限りある人生を、豊かで実り多いものとし、周囲にも素晴らしい幸福をもたらすことができるのです。

13日 成功という試練

私は、「試練」とは、一般的にいわれる苦難のことだけを指すのではないと考えています。人間にとって、成功さえも試練なのです。

成功した結果、地位に驕り、名声《めいせい》に酔い、財におぼれ、努力を怠るようになっていくのか、それとも成功を糧《かて》に、さらに気高い目標を掲げ、謙虚に努力を重ねていくのかによって、その後の人生は、天と地ほどに変わってしまうのです。つまり、天は成功という「試練」を人に与えることによって、その人を試しているのです。

14日 苦難と僥倖

私たちは、苦難あるいは僥倖《ぎょうこう》、そのいずれの「試練」に遭遇しても、決して自らを見失わないようにしなければなりません。

つまり、苦難に対しては真正面から立ち向かい、さらに精進を積む。また成功に対しては謙虚にして驕らず、さらに真摯に努力を重ねる。そのように日々たゆまぬ研鑽に励むことによってのみ、人間は大きく成長していくことができるのです。

15日　哲学を求める

才覚が人並みはずれたものであればあるほど、それを正しい方向に導く羅針盤が必要となります。その指針となるものが、理念や思想であり、また哲学なのです。

そういった哲学が不足し、人格が未熟であれば、いくら才に恵まれていても「才あって徳なし」、せっかくの高い能力を正しい方向に活かしていくことができず、道を誤ってしまいます。

16日　哲学とともに生きる

原理原則に基づいた哲学をしっかりと定めて、それに沿って生きることは、物事を成功へと導き、人生に大きな実りをもたらす。しかし、それは決しておもしろおかしい楽な道ではない。哲学に準じて生きるということは、おのれを律し、縛っていくということであり、むしろ苦しみを伴うことが多い。ときには「損をする」こともある苦難の道を行くことでもある。

ただ長い目で見れば、確固たる哲学に基づいて起こした行動は、決して損にはならないものだ。

17日 ただ謙のみ福を受く

「ただ謙のみ福を受く」、これは世間一般に信じられていることとは相容《あいい》れない。通常は、たとえ傲岸不遜であっても、大胆不敵に生きていくような人が成功すると考えられているが、決してそうではない。そのような人は、一時的に成功を収めたとしても、いつか没落をしていくものだ。

反して、内に燃えるような情熱を秘めてはいるが、あくまでも謙虚で誠実な人こそが、天佑《てんゆう》もあり、大成《たいせい》をしていく。

18日 謙虚であれ

謙虚、つまり謙《へりくだ》ると言えば、何かみっともないような感じを抱かれる人もあるかもしれませんが、それは誤りです。人は、自分に誇るものが何もないからこそ威張り、ふんぞり返って自己顕示欲を満たそうとするものなのです。もし控えめに、謙虚に振る舞うことによって他人からバカにされたなら、それはバカにする人間が間違っているのです。

19日 知恵の蔵 ①

この宇宙のどこかに、「知恵の蔵《くら》（真理の蔵）」ともいうべき場所があって、人間は自分でも気がつかないうちに、その蔵に蓄《たくわ》えられた「叡知」を、新しい発想やひらめきとして、引き出してきた。汲《く》めども尽きない「叡知の井戸」、それは宇宙、または神が蔵している普遍の真理のようなもので、私自身もまた、必死になって研究に打ち込んでいるときに、その叡知の一端《いったん》に触れることで、画期《かっき》的な新材料や新製品を世に送り出すことができた。

20日 知恵の蔵 ②

美しい心を持ち、夢を抱き、懸命に誰にも負けない努力を重ねている人に、神はあたかも行く先を照らす松明《たいまつ》を与えるかのように、「知恵の蔵」から一筋の光明《こうみょう》を授けてくれるのではないでしょうか。

「知恵の蔵」とは、真摯に生きるすべての人にひらかれている、私はそう信じています。

21日 一芸に秀でる

私はある宮《みや》大工の方が対談されているのをテレビで見て、感心させられたことがありました。齢は七十歳くらいでしょうか、小学校を出てからずっと宮大工としてつとめてこられた方が、大学の哲学の先生と対談をしておられたのですが、先生もタジタジになるぐらい、素晴らしい話をされていました。

「大工の仕事を究める」ということは、ただ単にカンナをかけて素晴らしい建物を造れるようになるだけではなく、自らの人間性をも素晴らしいものにつくり上げることに通じるのです。つまり、一芸に秀でた人、物事の本質を究めた人は、万般あらゆるものに通じるようになるのです。

22日 自信を持つ

真に創造的なことを始めようとする際、最も重要なことは、自分自身に対する信頼、つまり自信を持つことである。自分の中に確固たる判断基準を持ち、それを信じ行動できるようでなければ、創造の領域で模索《もさく》する間に、道を見失ってしまう。

23日 弱点を受け入れる

劣等感にさいなまれず、自分の欠点を素直に受け入れ、それを克服する努力をしなければならない。自分の弱点を否定するのではなく、それをあるがままに受け入れ、向上のステップとしなければならない。できるようなふりをしてはいけない。できないことを認めて、そこからスタートするのだ。

24日 善意と悪意

物事というのは、善意で考えるのと悪意で考えるのとでは、おのずからたどり着くところが違ってくるものだ。

たとえば人と議論するにしても、何とかやり込めてやろう、悪いのは相手のほうだから、その非を認めさせてやろうと思ってやるのと、相手も困っているだろうから、いい解決策を一緒に考えようと思ってやるのとでは、同じ問題を扱っても結論は異なってくる。相手に対する「思いやり」のあるなしがその差を生むのである。

25日 ひたすら善意に

物事をいいほうに善意に解釈をしていくことが大切です。悪いほうに悪意に受け取っては、人生はどんどん暗くなります。仮に相手が自分に対して悪意を持って何かをしかけようとも、「あの人はバカじゃないだろうか」と疑われるくらい、ニコニコしながら受け流すのです。

そんなあなたを見て、「あの人はよほどのバカだよ。あそこで怒らなくてどうするのだ」と見下《みくだ》す人もいるかもしれませんが、そういうくだらない、悪意に満ちた悪口などは気にせず笑い飛ばしていればいいのです。

26日 成功の秘訣

私は全国各地の企業経営者の方々から、いろいろな相談を受けます。質問の多くは「どうしたら京セラやKDDIのように成功できるのですか」というもので、何か成功する秘訣があるのではないかと思っているのです。

しかし、私は「成功するための特別な方法はありません。あなたを中心に社員全員が誰よりも一所懸命働くようになれば、必ず成功できるのです」といつも答えています。

27日 成功を持続させる秘訣

大成功を収め、人々の羨望《せんぼう》を集めていた人が、いつのまにか没落《ぼつらく》を遂《と》げていく——。謙虚さを失い、ただ「自分だけよければいい」というような利己的な思いを抱き、自分勝手に行動するなら、すべてを生成《せいせい》発展させようとする宇宙の意志に逆行し、一度成功したとしても、それが長続きしないのです。

そうであるなら、私たちは心の中に頭をもたげる利己的な思いをできる限り抑えるように努め、他に善かれと願う「利他」の思いが少しでも多く湧き出るようにしていかなければなりません。

28日 真のリーダーとは

真のリーダーとは、人生において、ひたむきに仕事に打ち込み、その中で人格を高め続けているような人物ではないでしょうか。そのような人間であれば、リーダーとして権力を委ねられた後も、堕落《だらく》することも傲慢になることもなく、集団のために自らを犠牲にして懸命に働き続けてくれるはずです。

29日 リーダーの使命

指導的立場にあるリーダーと呼ばれる人々は、自らの言動が人間として恥ずべきところが少しでもないか、常に厳しく自問していくべきではないでしょうか。あらゆる分野でリーダーと呼ばれる人々を先頭に、一人ひとりが人間として正しいことを追求するようになってはじめて、社会全体のモラルが向上し、健全な社会が築かれていくのだと思います。

30日 病める現代の処方箋

欲を離れること、誠を貫くこと、人に尽くすこと。それこそ、病《や》める現代の処方箋《しょほうせん》である。これは、人間が正しく生きていくための哲学であり、真の道徳といえる。

7月

京セラ本社執務室で書類に目を通す

1日 人生は魂の修行の場

人生というのは魂の修行の場ではないか。苦難は魂を純化、深化させるために与えられている試練であり、成功体験もその人間がどこまで謙虚でいられるかを試すものでしかない。

2日 日々懸命に

人格を練り、魂を磨くには具体的にどうすればいいのでしょうか。山にこもったり、滝に打たれたりなどの何か特別な修行が必要なのでしょうか。そんなことはありません。むしろ、この俗《ぞく》なる世界で日々懸命に働くことが何よりも大事なのです。

3日 人間としての「生き方」

一所懸命働くこと、感謝の心を忘れないこと、善き思い、正しい行いに努めること、素直な反省心でいつも自分を律すること、日々の暮らしの中で心を磨き、人格を高め続けること。そのような当たり前のことを一所懸命行っていくことに、まさに生きる意義があるし、それ以外に、人間としての「生き方」はないように思います。

4日 労働の価値と意味

働くということは人間にとって、もっと深遠かつ崇高で、大きな価値と意味を持った行為です。労働には、単に生きる糧を得るという目的だけではなく、欲望に打ち勝ち、心を磨き、人間性をつくっていくという副次的な機能があるのです。

5日 行い、思いは必ず結果をつくる

われわれが行っていること、思っていることが、何年先か何十年先かは分からないが、やがて必ず「結果」をつくっていく。そのときにあわてふためいて悲しんでももはや遅い。このことを心にとめて、日々善きことを行うようにしていきたい。

6日 美しい思いやりのこころを抱く

こころが呼ばないものは、決して周囲に現象として現れない。

こころの中に自分だけよければいいという利己的な気持ちを抱けば、その抱いたような事や物が周囲に現れるし、逆に美しい思いやりに満ちたこころ、利他のこころを抱けば、やはり周囲にそういうものが現れてくる。

7日 人生の縦軸と横軸

運命は、人生を貫いていく縦軸として存在する。もう一つ、横軸に因果応報の法則が存在する。因果応報の法則とは、善因は善果を生み、悪因は悪果《あっか》を生むということだ。

この二つの法則――運命と因果応報――によって、われわれの人生はできあがっている。

8日 運命は宿命にあらず

大事なことは、因果応報の法則のほうが運命よりも若干《じゃっかん》強いということです。私たちは、持って生まれた運命さえも、善きことを思い、善きことを行うことによって、善き方向に変えることができる。

人間は運命に支配される一方で、自らの善思善行《ぜんしぜんこう》によって、運命を変えていける存在でもあるのです。

9日 尺取り虫

人生の歩みの中には、楽をしてひとっ飛びできるようなジェット機などはありません。自分の足で、自分で歩いていくしかないのです。夢を実現するための手っ取り早い手段や近道があると思うなど、とんでもないことです。一歩一歩を尺取り虫のように進んでいく、これが偉大なことへチャレンジする姿勢です。

10日 垂直登攀

自分に妥協を許し、安易な道を選べば、その瞬間は楽でも、夢や高い目標を実現することができずに、必ず後悔することになります。

人生や仕事におけるどんな困難な山も、安易に妥協することなく、垂直《すいちょく》に登り続けていくことが大切です。

強い意志を持って、一歩一歩地道な努力を日々継続する人は、いくら遠い道のりであろうとも、いつか必ず人生の頂上に立つことができるに違いありません。

11日　人生も経営も一人旅

人生というのは、お釈迦《しゃか》様がおっしゃったように、ただ一人の旅なのです。生まれるときも一人なら、死ぬときも一人、誰もついてきてはくれません。

経営も突きつめれば、経営者は一人きりなのです。それなのに、自分の力で歩くことをしないで、「どうすればいいのか」と、常に人に聞いている人がいます。そんな生き方では、人生も歩けないし、経営だってうまくいくはずがありません。

12日　自分で考える

経営に行き詰まると、安易に人に問う経営者がたくさんおられます。それも中小企業が、大企業に聞くのならまだ分かりますが、大企業が、成功したという中小企業の風聞を聞いて、その方法を聞きに行くとすれば、そういう心構えこそが、経営がうまくいかなくなる理由なのです。

13日 生かされている私

われわれは、「この現世で生きている」とみな思っている。しかし、人生でたいへんな苦労をした人は、「生かされている」と気づく。この「生かされている」と気づいたときが、人間が謙虚で、敬虔《けいけん》になれるきっかけとなる。

14日 ど真剣に生きる

自然界では、すべての生物が与えられた時間、限られた一瞬一瞬を、精いっぱい、ど真剣に生きているのです。「今」を必死に、懸命に生きることで、小さな生命を明日へとつなげている。私たち人間も草花に負けず、一日一日をないがしろにすることなく、ど真剣に生きていかなくてはなりません。

15日 思いやりの心

人類が備えるべき思想の軸とは何か。大切なのは「思いやりの心」を持つこと。これは仏教でいえば「慈悲《じひ》」、キリスト教でいえば「愛」。この最も大切な心を人類は見失いつつある。何としても、そのような「思いやりの心」をもう一度、蘇《よみがえ》らせる必要がある。そうすれば、われわれが抱《かか》えている問題の多くは、おのずから解決へと向かうはずだ。

16日 善き思いをベースとする文明へ

物質文明の巨大さに匹敵《ひってき》するだけの精神文明を築かなければならない。その精神文明の根幹にあるのは人間の善き思いである。この「善き思い」を開花させなければならない。そうすれば、物質的に豊かで、便利で生活しやすい上に、人間が互いに思いやり愛し合う「楽園《らくえん》」が実現する。

17日 若い人たちへ ①

私は、若い人たちに強調したいのです。「自分の好きな仕事を求めるよりも、与えられた仕事を好きになることから始めよ」と。自分の好きな仕事を求めても、それは「青い鳥」を探しているようなものです。そのような幻想《げんそう》を追うよりも、目の前の仕事を好きになることです。

18日 若い人たちへ ②

好きになれば、どんな苦労も厭わず、努力を努力と思わず、仕事に打ち込めるようになる。仕事に打ち込めるようになれば、おのずと力がついていく。力がついていけば、必ず成果を生むことができる。成果が出れば、周囲から評価される。評価されれば、さらに仕事が好きになる。こうして好循環が始まるのです。

まずは、自分の強い意志で仕事を好きになる。他に方法はありません。そうすることで、人生は実り豊かなものになっていくのです。

19日 一歩一歩の努力 ①

若い人は、「偉大なことを実現したい」という、夢と希望を持つものです。ただし、それが一歩一歩の地味な努力から生まれるということだけは知っていてほしいと思います。

20日 一歩一歩の努力 ②

「一歩一歩では、歩みが遅く、一生かかっても大きなことができないのではないか」と考えられるかもしれません。しかし、そうではありません。一歩一歩の積み重ねの結果は、相乗作用《そうじょうさよう》を引き起こしていくのです。つまり、日々の地味な努力が生む小さな成果は、さらなる努力と成果を呼び、その連鎖《れんさ》はいつのまにか信じられないような高みにまで、自らを運んでくれるのです。

21日 非凡なる凡人 ①

創業間もない京セラでは、優秀で利発《りはつ》な人に限って、「この会社には将来がない」と辞めていきました。残ったのは、気の利かない、平凡で、転職する才覚もない鈍《どん》な人材でした。しかし、その鈍な人材が十年後、二十年後には素晴らしいリーダーとなっていったのです。

22日 非凡なる凡人 ②

平凡な人材を非凡《ひぼん》に変えたものは何か。一つのことを飽きずに黙々《もくもく》と努める力、いわば今日一日を懸命に生きる力です。また、その一日を積み重ねていく継続の力です。すなわち継続が平凡を非凡に変えたのです。

安易に近道を選ばず、一歩一歩、一日一日を懸命、真剣、地道に積み重ねていく。夢を現実に変え、思いを成就させるのは、そういう非凡なる凡人なのです。

23日 失敗してもクヨクヨ悩まない

人生では、時に失敗してしまうことがあります。そのようなときも、決してクヨクヨと感性的に悩んではなりません。

失敗した原因をよく考え、反省はしなければなりません。「あんなバカなことをなぜしたのだろう」と、厳しく自省をしなければなりません。しかし、十分に反省したのであれば、後は忘れてしまうことです。人生でも仕事でも、いつまでもクヨクヨと思い悩むことは、百害あって一利《いちり》なしです。

24日 明るく希望を持って次の行動へ

十分に反省した後は、新しい目標に向かって、明るく希望を持って、行動を起こしていけばいいのです。

たとえ生きてはいられないと思うような重大なことが起ころうとも、決していつまでも心を煩《わずら》わせてはなりません。

感性的な心の悩みを払拭《ふっしょく》し、明るく前向きに新しい方向へ新しい行動を起こしていくのです。そのような人は、たとえどんな窮地《きゅうち》に陥《おちい》ろうとも、後に必ず成功を遂げていくことができるのです。

25日 ネガティブかポジティブか

自分が置かれた環境をネガティブにとらえて、卑屈《ひくつ》になり、恨みつらみを募《つの》らせていくのか。それとも、困難な要求を、自分を伸ばしてくれる機会として、ポジティブに受け取るのか――。

いずれの道を取るのかによって、行き着くところが大きく異なってしまうのは、仕事も人生も同様です。

26日 素直な心がもたらすもの

感謝の心が幸福の呼び水なら、素直な心は進歩の親であるかもしれません。自分の耳に痛いこともまっすぐな気持ちで聞き、改めるべきは明日といわず、今日からすぐに改める。そんな素直な心が私たちの能力を伸ばし、心の向上を促します。

27日　欲望から感謝へ

おのれの欲望を抑圧《よくあつ》して我慢するのではなく、今あるものに対して感謝の心を持つことだ。今ここにこうしてあることをありがたいと思い、それに感謝できることは、心が豊かで充実しているという証《あかし》である。
欲望から感謝へ——そのような心の転換が今、世の中に必要なのではないだろうか。

28日　感謝の言葉

「ありがとうございます」という感謝の言葉が心から自然に発せられるようになれば、人は謙虚になれる。同時にこの一言は、周囲の人をも和《なご》ませる。

29日 社会をよくする道

現代の混迷《こんめい》した社会を思うとき、私たち一人ひとりが、どのような環境に置かれようとも自らを磨き、人格を高めようとひたむきに努力し続けることが、一見迂遠《うえん》に思えても、結局は社会をよりよいものにしていくと信じています。

30日 世界に誇る日本へ

一人ひとりの日本人が、利他の心を持ち、世のため人のために尽くそうと思い始めるとき、日本は本当に素晴らしい国になれるのだと思います。

31日　人生の宝

つらいこともあった、楽しいこともあった、いろんなことがあった。それらのことに遭遇しながら生きてきて、どういう魂になったのか。それが人生の宝であり、人生の目的ではなかろうか。

8月

2005年、愛媛県今治市で托鉢し、合掌する著者

1日　継続する力

世の「天才、名人」と呼ばれる人も「継続する力」を活かした人たちです。果てしのない努力を長年にわたり継続していくことで、素晴らしい技と人間性を自分のものとしていったのです。

努力を「継続する力」——それは「平凡な人」を「非凡な人」に変えることができるほど、強大なパワーを持っているのです。

2日　今日よりは明日、明日よりは明後日

継続が大切だといっても、それが「同じことを繰り返す」ことであってはなりません。継続と反復《はんぷく》は違います。昨日と同じことを漫然と繰り返すのではなく、今日よりは明日、明日よりは明後日と、少しずつでいいから、必ず改良や改善をつけ加えていくこと。そうした「創意工夫する心」が成功へ近づくスピードを加速させるのです。

3日　有意注意　①

私は「有意《ゆうい》注意」という言葉をよく使います。自分で意識をそちらに向ける、つまり「意を注ぎなさい」ということです。一方、音がしてそちらをパッと振り向くのは「無意注意」と言います。何も意識しないで、音がしたので驚いて反射的に振り向いただけのことです。

中村天風先生は「生きていくには、常に意識して物事をしなさい。無意識にしてはいけない」とおっしゃっています。このことは、経営の場合にも非常に大事なことで、どんな些細《ささい》なことでも意識を集中して物事を考えなければなりません。

4日　有意注意　②

「これは些細なことだから部下に任せよう、これは大きなテーマだから自分で考えよう」ということをしていたのでは、「いざ鎌倉」というとき、つまりたいへん大事なことを自分の判断で決めなければいけないときに、ふだんからの「有意注意」の習慣がないものだから、考えることも、決めることもできない。そのために失敗する例がよくある。

したがって天風先生は、「人生においてはどんな些細なことでも全神経を集中して物事を考えることを習慣にしなさい」とおっしゃっているのです。

5日 完璧主義を貫く

仕事においては、消しゴムでは絶対に消せないときがあります。また、「やり直しがきく」という考え方でいる限り、小さなミスを繰り返し、やがて取り返しのつかないミスを犯す危険性をはらんでいると言っていいでしょう。

いかなるときでも「やり直し」は絶対にきかないと考え、日頃から「有意注意」を心がけ、一つのミスも許さない、そんな「完璧主義」を貫いてこそ、仕事の上達があり、人間的な成長もあるのです。

6日 手の切れるような「仕事」

私は、「手の切れるような製品」でなくてはならないと考えてきた。これは、真新《まあたら》しい紙幣《しへい》のような手触りを感じさせる素晴らしい製品という意味である。そのような製品でなければ、お客様に本当に満足してもらうことはできない。

7日 私の経営観

会社を経営するために、前例や常識など、これがなければならないという発想は私にはない。ものの本質とは何か、ものの道理や価値や必要性とはどういうことか、常に問いつつ経営を進めていくことが必要だ。

8日 四つの創造

企業を発展させるには創造しかない。その創造とは、「新しい需要の創造」「新しい市場の創造」「新しい技術の創造」、そして「新しい商品の創造」という、四つの創造が渾然《こんぜん》一体となっていなければならない。

9日 優れた企業経営者

優れた企業を経営できる人は、お客様に、より多くの利益をもたらすことができる人だ。このような姿勢で経営のできる人は自分の会社にもより多くのビジネスをもたらし、利益を呼び込むことができる。

10日 哲学が企業を動かす

哲学がなければ企業は動かない。そもそも、企業というものが人間の集団である限り、そこに一つの「考え方」「理念」あるいは「哲学」がなければ、その集団を率《ひき》いることは不可能なはずである。また、その「考え方」は普遍的な価値観に基づいた、集団全員から共感を得られるようなものでなくてはならない。そのような哲学がなければ、単なる烏合《うごう》の衆《しゅう》と化《か》してしまう。

11日　単純化して考える

紛糾《ふんきゅう》している状態のままでは問題を解くことはできません。もつれた糸をほどくように、なぜその問題が起こったのかというう、原点にまで戻らなければならないのです。現状から一歩ずつさかのぼり、発端《ほったん》までたどってみるのです。すると、どういう変遷《へんせん》をたどってここまで紛糾したのかがよく分かります。

問題が複雑になる以前の状態というのは、驚くほど単純なものです。その単純な状態をベースにして、解決を図るのです。

12日　原理原則に立ち返る

込み入って複雑そうに見える問題こそ、原点に立ち返って単純な原理原則に従って判断することが大切だ。さじを投げたくなるような難しいことに直面したら、素直な目と単純明快な原理に基づいて、事の是非、善悪を判断すればいい。

13日 自らを追い込む

困難な状況に遭遇しても、決してそこから逃げてはいけません。追い込まれ、もがき苦しんでいる中で、「何としても」という切迫感があると、ふだん見過ごしていた現象にもハッと気づき、解決の糸口が見つけられるものです。

14日 真正面から立ち向かう

何事に対しても、ど真剣に向き合い、ぶつかっていく——これは「自らを追い込む」ということでもある。それはすなわち、困難なことであっても、そこから逃げずに、真正面から愚直に取り組む姿勢を持つ、ということ。

困難さから目をそらして逃げてしまうか、正面切って立ち向かうことができるか。そこが大きな成功を手にすることができるか否かの分かれ道なのだ。

15日 知識より体得を重視する

「知っている」ことと「できる」ことは必ずしもイコールではない。知っているだけで、できるつもりになってはいけない。

情報社会となり知識偏重《へんちょう》の時代となって、「知っていればできる」と思う人も増えてきたようだが、「できる」と「知っている」の間には、深くて大きな溝《みぞ》がある。それを埋《う》めてくれるのが、現場での経験である。

16日 知識、見識、胆識

知識を持つだけでは、実際にはほとんど役に立ちません。知識を「こうしなければならない」という信念にまで高めることで、それを「見識《けんしき》」にしていかなければいけない。しかし、それでもまだ不十分です。さらにその見識を、「何があろうともオレは絶対に実行する」という強い決意に裏打ちされた、何事にも動じない「胆識《たんしき》」にまで高めることが必要なのです。

17日 状況の奴隷になるな

われわれは状況の奴隷《どれい》であってはならない。状況の奴隷になってしまうと、状況が悪いことを理解し、自分の夢が非現実的であったという結論を出すだけになってしまう。しかし、強い願望を持っている人は、問題を解決するために創意工夫と努力を始め、目的に到達するまで、決して諦めない。

18日 理想を見失わない

「こうあるべきだ」という理想を最初に描いて、それに近づくにはどうするかを考える真の理想主義者でなければならない。

現状の改良・改善ばかりしていると、やりやすい方向に改善しがちだ。何か壁に突き当たったとき、ほかに行く道はないかと探す。このとき道が二つあったとすれば、安易に行きやすい道のほうを選んでしまうのだ。

19日 本当のチャレンジ

「チャレンジ」という言葉を口にしてはならない。それは困難に立ち向かう勇気、長期の苦労にも耐え得るスタミナなどの裏付けがあってはじめて口にできる言葉なのだ。

このような要素を全く備えていないのに、「チャレンジ」という言葉を使う人を、「蛮《ばん》勇《ゆう》」をふるう人というのだ。

20日 万難を排してやり抜く

万難《ばんなん》を排《はい》し何としてもやり抜くという勇気がなければ、どんな知識も役立つことはない。多くの人が、こうしたほうがいいと知っていても、それを実行することをためらうのは、勇気がないからだ。

なぜ、勇気を奮い起こすことができないのか。それは「自分」を大事にしようとするからだ。「人から謗《そし》られ、嫌われはしないだろうか」などと考え、自分を守ろうとすることで実行できない。

自分を大事にしようとする気持ちを放り出してしまえば、どんな困難なことでも実行できるはずだ。

21日　単純な真実

人生は思うようにはならない。しかしそれは、単純な真実の投影《とうえい》におびえているにすぎない。単純な真実とは、自分の心のことをいう。つまり、自分の心に描く映像が邪魔をして、幸せがつかめないのだ。

22日　宇宙の福を受ける

利他の思いを常に抱き、感謝しながら生きている人は必ず宇宙の〝ラッキー〟を受けられる。

一方、自分だけよければいいという利己のかたまりのような悪しき心を持っている人は、やることなすこと、思うとおりには進んでいかない。

23日　愛の持つ偉大な力

「与えよ、さらば与えられん」、あるいは「情けは人のためならず」と、愛が持つ偉大な力が古今東西で説かれているように、あなたが差し出した愛は、必ずあなたに返ってきて、あなた自身を幸福にしてくれる。

24日　この世にムダはない

天地自然は、この宇宙で必要であるからこそ、私たちを存在させています。誰一人、何一つ偶然に生をうけたものはなく、したがってムダなものはこの世には一切ありません。

25日 「今」を生き切る

北極圏のツンドラ地帯では、短い夏の間に多くの植物がいっせいに芽吹き、できるだけ多くの花を咲かせ、種をつくって、ごく短い生を精いっぱい、濃密に生きようとします。

そうすることで長い冬に備え、次世代へ自分たちの生命を託《たく》そうとしているのでしょう。まさに雑念《ざつねん》も余念もなく、ただひたすら「今」を生き切ろうとしているのです。

26日 瞬間瞬間を充実させる

瞬間瞬間を充実させ、小さな一山ごとに越えていく。その小さな達成感を連綿《れんめん》と積み重ね、果てしなく継続していく。それこそが一見、迂遠に見えるものの、高く大きな目標にたどり着くために、最も確実な道なのです。

27日 壁を越える

まず、無理だと考えられていることでも粘りに粘ってやり抜き、成功させることです。自分の中に固定化された常識を壊してみることです。「自分はここまでだ」という頑固な固定観念が、成功へ至る一線を越えることを妨《さまた》げているのです。

壁を乗り越えたという自負と自信が、その人を強く粘りのある人間に変えていきます。そして、この粘りがさらなる成功へと導いていくのです。

28日 サービスに限界はない

価格や品質、納期などで徹底的なサービスをするには限界がある。しかし、お客様に対する態度、サービスに限界はない。

29日 九十九%はゴールではない

パーフェクトをめざしても、ミスがゼロになるわけではないかもしれない。しかし、だからといって九十九%でも結構だとなれば、今度は九十%でも仕方がないということになる。いや、八十%でもいいじゃないか、七十%でもいいじゃないかとなるだろう。そうすると会社の経営は甘くなっていき、どんどん社内の規律も緩んでいくであろう。百%は百%なのである。

30日 全員参加の経営

命令されて仕事をする場合、人は無目的で無意識的な行動をしているにすぎません。

一方、経営への参加を求めた場合、命令されなくても自ら積極的に自分の考えを述べると同時に、仕事を何としても成功させようと努力する責任感、使命感が芽生えることになります。

31日　二十一世紀の経営者

何に頼ることもなく、何にとらわれることもなく、独立自尊の精神を持ち、自らの力で自らの道を切り拓いていける人。誰よりも柔軟《じゅうなん》で、自由な発想でビジネスの展開ができる人。それが二十一世紀に新しい事業を大きく育てることができる経営者だ。

9月

2012年、京都賞授賞式後、京都宝ヶ池でくつろぐ

1日 会社経営とは

会社経営とは、マラソンレースのようなものではないだろうか。そうすれば、創業して間もないベンチャー企業は、長丁場のレースに遅れて参加した素人ランナーのようなものだ。

それでもレースに参加するのであれば、私は百メートル競走のつもりで走りたい。そんな無茶な走り方では身体が持たないと思う人もいるだろうが、遅れて参加し、マラソンの経験もないランナーには、それしか道はない。それができないのなら、最初からレースには参加しないほうがいい。

2日 石垣の経営

会社は城の石垣のようなものだ。石垣には、大きな石もあれば、小さい石もある。同様に、大きな売り上げの事業もあれば、小さな売り上げの事業もある。大きな石だけを並べても風雪《ふうせつ》には耐えられず、小さい石が間に詰まっているから、石垣ががっちり組まれる。大きな石、小さな石を積んでいって、一つの大きな石垣をつくり上げていく。そのように、大小さまざまな事業を組み上げる。それが経営だ。

3日 企業が泣いている

貸借《たいしゃく》対照表を見て、内部留保が少なく、やせ衰えているのに経営者が気づいていないことがある。利益が出ているので、それでよしとしているのだ。しかし、それでは企業がひもじい思いをして、声を出して泣いているのではないか。

4日 利潤は士の禄に同じ

石田梅岩《ばいがん》は、「商いは、卑劣《ひれつ》な行為ではない。商人が利潤《りじゅん》を得ることは、武士が俸禄をもらうことと本質的には何も変わらない」と言っています。

この教えの根底にあるのは、卑怯《ひきょう》な振る舞い、不正な振る舞いで利益を求めてはいけないということです。

5日 倹約を旨とする

経営に余裕ができると、ついつい「これくらいはいいだろう」とか、「何もここまでケチケチしなくても」というように、経費に対する感覚が甘くなりがちです。

ひとたびこのような甘い感覚が身についてしまうと、景気が悪くなったときに、あらためて経費を締め直そうとしても、なかなか元に戻すことはできません。どのような状態であれ、常に倹約を心がけなければなりません。

6日 企業経営の根幹

私にとって企業経営とは、開発した製品を、製造に移管し、販売し、売り上げを上げる。そして、この売り上げと費やした経費との差額が損益という、たったそれだけのことである。

7日　上場　①

私は京セラを上場《じょうじょう》したとき、自分の持ち株を一株も売却することなく、新規に株式を発行して、その売却益はすべて会社に入るようにしました。また、当時三十歳代後半を迎えていましたが、上場を機に「これまで以上にひたむきに働こう」と思ったものです。

なぜなら、上場したからには、それまでのように社員やその家族のことばかりではなく、一般の投資家の方々の幸せまでも考えなければならなくなるからです。「一息入れる」どころか、責任がより大きく、より重くなったわけです。

8日　上場　②

上場はゴールではなく、あくまでも新たなスタート地点であり、企業はその後もさらに発展していかなければなりません。

だからこそ、私は上場のとき、「創業のときの初心に返って、さらに社員と一緒に汗みどろ、粉まみれになって、頑張ろう！」――そのように社員に説き、また自分自身、決意を新たにしたことを今もよく覚えています。

9日 売り上げを最大に、経費を最小に

「売り上げを最大に、経費を最小に」することこそ、経営の真髄と言えるものである。一般には、「こういう業種では、利益率はこんなものだ」という暗黙の常識を基準に経営をしている。ところが、この原則からすれば、売り上げはいくらでも増やすことができるし、経費もいくらでも減らすことができる。その結果、利益をどこまでも増やすことができるのである。

10日 値決め

経営の死命《しめい》を制するのは、値決めである。値決めにあたっては、価格を下げ、大量に販売するのか、それとも価格を上げ、少量販売であっても利幅《りはば》を多く取るのか、価格設定はいくらでもある。

値決めは経営者の思想の反映であると言ってもよい。

11日 損益計算書

毎日の数字に注意を払わずに事業を行うということは、一日中、計器《けいき》を見ずに飛行機を操縦《そうじゅう》するようなものだ。それでは自分がどこを飛んでいるのかも、どこへ着陸しようとしているのかも分からなくなってしまう。損益計算書は、経営者の日々の行動を描き出したものなのだ。

12日 一番大切な経営資源

私は「経営において確かなものは何だろうか」ということを絶えず真剣に考えていた。悩み抜いた末に、「人の心」が一番大事だという結論に至った。移ろいやすく不確かなものも人の心なら、ひとたび互いが信じ合い通じ合えば、限りなく強固で信頼に足るもの、それも人の心なのである。

13日 経営と人の心

企業というのは人間の集まりをどうするかということである。だから経営は人の心の動きを抜きにして語れないし、実際に人の心を無視して経営はできない。

14日 理念の力

一般に、企業経営の重要な要素は人材や商品、設備、資金といった目に見える資源であると考えられている。しかし、経営理念や経営哲学といった目に見えないものも、企業が繁栄し、存続していくうえで欠かせない重要なものだ。資金力があり、優秀な人材を集めたとしても、企業の理念や哲学が明確でなく、従業員のベクトルがそろっていなければ、組織としての力を発揮することはできない。

15日 ベクトルをそろえる

私の考えを分かってくれない人にどこまで分かってもらえるようにするか、そのことに私は多くの時間をとりました。一時間でも二時間でも、分かってくれない従業員が考えを変えるまで話を続けたのです。

16日 真っ先に行動で示す

どんなに多くの、どんなに美しい言葉を並べ立てても、行動が伴わなければ人の心をとらえることはできません。自分が他の人にしてほしいと思うことを、自ら真っ先に行動で示すことによって、周りの人々もついてくるのです。

17日 たくましい社員を育てる

トップが何でもやると、社員が育たないという声を聞くことがあります。しかし、そんなことで育たない社員なら、育たなくていいのです。バリバリ働く社長の後からついてきて、見よう見まねでも、社長と同じくらいに仕事ができるような人間が育ってくれなければ意味がありません。

18日 継続が非凡を生む

あまり立派でない会社には賢い人は誰も寄りつかないし、よしんば入ってくれてもすぐに辞めてしまい、鈍な者だけが残る。ところが、四十年経ってみると、当時愚鈍そうに見えた人が、非凡な人に変わっている。継続が平凡な人を非凡に変えたのである。一つのことを飽きもしないで、生涯を通じて努力をしてきた人、そういう人が、結局は名人、達人と言われるようになる。

19日 人間性のよい人を雇う

どんなに賢い人を雇うにしても人間性のよい人を雇うことです。絶対に能力だけで採用してはなりません。今、うちにはこういう優秀な専門家が喉《のど》から手が出るほどほしいと思っても、人間性が伴っていない人は雇ってはなりません。

20日 常識を疑う

私は常々、経営において固定観念を持つことを戒めている。利益率や組織のあり方など、経営の常識と言われているものほど恐ろしいものはない。

21日 自己満足が成長を止める

経済変動が激しいときでも、常に利益率が五%を示す企業がある。これは、自らの常識に基づいて目標を設定しているからだ。自分で考えた利益率に達したことで満足してしまい、それ以上の向上を望まなくなってしまうのだ。

22日 現場を熟知する

社長が毎日現場に出て、現場の大ベテランにならなければならない。現場に行って、社員が「もううるさくてかなわん」というぐらいにならないといけない。

23日 大義に尽くす

事業を行う以上、必ず利益は上げなければならないが、こうした利益はあくまでも結果であって、事業を通じて「世のため人のため」という大義に尽くさなければならない。

24日 経営者の人生観

経営の目的は、経営者の人生観とも言い換えることができるでしょう。いびつな人生観から生まれる、狂ったような情熱は、一時的には成功につながることもあるでしょうが、やがては必ず失敗に結びつきます。これに対して人生観や哲学が浄化され、立派なものになっていると、成功を収めた後、同じ要因で失敗するといったことはなくなるのです。

25日 トップの器

企業を発展させていこうとするなら、まずは経営者が人間としての器、言い換えれば、自分の人間性、哲学、考え方、人格というものを、絶えず向上させていくよう、努力を重ねていくことが求められるのです。

26日 ガラス張りの経営者

一般的には、経営者として自由になるお金が少しくらいあってもいいではないか、また自分は経営のためにこれだけ苦労しているのだから、少しはいい目にあってもいいではないかと、ついつい思いがちです。

しかし私は、それで失う迫力に比べれば、後ろめたさがなく、従業員をグイグイと引っ張っていく迫力、自信、勇気といったものを経営者が持つほうが、はるかに得策だと思います。

27日 組織に命を吹き込む

組織とは、本来無生物だが、経営者の意志や意識が吹き込まれることによって、あたかも生物のように、ダイナミックに活動をし始める――そのように組織に命を吹き込むことこそが、トップである社長のつとめなのではないだろうか。

28日 会社と仕事を好きになる

経営者ですから、まず自分の会社を好きになること、自分がやっている仕事を天職だと思って好きになることです。好きだからこそ、バカみたいに頑張れるのです。会社をどこまで大きくしようなんていうことは考える必要はありません。毎日を精いっぱい生きる、今日よりは明日がさらに進歩するような工夫を重ねる。それさえすればいいのです。

29日 買収・合併の心得

買収《ばいしゅう》や合併《がっぺい》とは、全く文化の違う企業が一緒になることであり、企業間の結婚のようなものである。したがって、最大限相手のことを思いやる必要がある。

30日 事業の神髄

相手の人を助けてあげる、相手に施《ほどこ》しをしてあげることによってわれわれの事業は成功していく。事業の神髄はそこにあり、利他の心がなければ真の事業の成功はない。

10月

2005年、雨上がりの城山公園（鹿児島県）を散策

1日 闘魂

経営者は一国一城の主として、「誰にも負けるものか」という気概、激しい格闘技にも似た闘魂を持ち、社員を率いていくべきである。

2日 不撓不屈の精神

経営者にはどんな困難に遭遇しようともめげない不撓不屈《ふとうふくつ》の一心が必要だ。一所懸命に、真剣にひたむきに、ただ思え。邪心《じゃしん》なく、気高く、一筋に。

3日 よい判断を下す

簡単な判断をするときは軽くあしらい部下任せで、重要だと思ったときだけ自分で十分に検討するということが一般的だ。しかし、日頃いい加減な判断をしていては、「いざ鎌倉」と力んでみても、よい判断は下せないものである。どんな些細な問題でも集中し、真剣に考える習慣をつけなければならない。

4日 よい上司とは

世間では、「よきにはからえ」とばかりに、部下に仕事を一任するのがよい上司だという考えもあるようだが、ただ任せればいいというものではない。部下を放任しているような上司に限って、真剣に考えたり判断したりすることから逃げていることが多い。

5日 実力主義

組織を運営していくうえで重要なことは、本当に実力のある人が、その組織の長《ちょう》につくことである。温情主義により、実力のない人物を、年長だという理由だけでリーダーにしたのでは、会社経営は行き詰まり、全従業員がその不幸を背負うことになる。

たとえ十分な経験がなくとも、素晴らしい人間性と能力を有し、仕事に対して熱意を持ち、人間として尊敬され、信頼される人物を適材適所に配置してこそ、会社は厳しい競争に打ち勝ち、成長することができる。

6日 人事の要諦

人事は公明正大に行い、公平を旨《むね》とすること。私心をはさむことがあってはならない。

7日 相棒

「人」という字の成り立ちで分かるように、人間は一人では立っていない。同じように、自分一人で経営していくのは難しい。やはり相棒というものが必要だ。

8日 ナンバー2の要件

ナンバー2の要件とは、第一に「人物」、第二に「管理会計学的な計数に明るい人」、第三に「部下の意見に耳を傾け、衆知《しゅうち》を集めて物事を決めていく人」である。

9日 成長する企業

企業が伸びていくというのは、トップの人間としての器量が伸びていくということだ。ただ単に企業が伸びていって、それにトップがついていくということは絶対にあり得ない。また、企業で働く従業員も成長していかなければ、企業規模は拡大していかない。

10日 経営者の器

小さな企業の経営で成功を収めた経営者が、企業が発展し、その規模が大きくなるにつれ、経営の舵取りがうまくとれなくなってしまい、会社をつぶしてしまうことがある。それは、組織が大きくなっていくにつれ、経営者が自分の器を大きくすることができなかったからだ。

11日　「みんなのために」

「みんなのために」という思いから強力な事業計画を立てたときには、仕事はうまくいく。自分だけ儲けようという思いならば、いくら頑張って立派な計画を立てたとしても、妨害《ぼうがい》があったりしてなかなかうまくいかない。

12日　高い目的を持つ

事業の目的は、人間として最も崇高な願望に基づくものでなければならない。なぜ、次元の高い目的が必要なのか。金銭欲や名誉欲は、罪悪感を伴うため、今、しなければならない仕事に対するエネルギーのレベルを下げてしまうからだ。素晴らしい目的を持っていれば、恐れや罪悪を感じることなく、エネルギーのレベルを最大限に上げることができる。

13日 多角化は登竜門

マーケットに限界がある以上、会社を成長させたいのなら、どうしても新規の事業を起こし、多角化を図る必要がある。また、一つの事業の盛衰《せいすい》により、会社の命運を左右されないためにも、多角化は必要となる。多角化とは、中小企業が中堅《ちゅうけん》企業へと脱《だっ》皮《ぴ》するための登竜門《とうりゅうもん》となるものである。

14日 得意技を磨く

中小企業が新規事業、多角化に成功する秘訣は、まず得意技を持ち、徹底的にそれを磨くことから始まる。

15日 信賞必罰

経営は、信賞必罰《しんしょうひつばつ》でなければならない。

しかし、厳しい姿勢の陰に温かい思いやりが垣間《かいま》見られるような、経営者の行動があってはじめて、従業員もついてきてくれる。

16日 組織はリーダーを映す鏡

リーダーの行為、態度、姿勢は、それが善であれ悪であれ、本人一人にとどまらず、集団全体に野火《のび》のように拡散する。集団、それはリーダーを映す鏡なのである。

17日 偽・私・放・奢

リーダーたるべき人は、中国の古典にあるように、「偽」「私」「放」「奢《しゃ》」、この四つの思いから離れた人間でなくてはならない。すなわち、偽《いつわ》りがあってはならないし、利己的であってはならないし、わがままであってはならないし、奢《おご》りの心があってはならない。簡単にいえば、リーダーとなるべき人は、人格高潔《こうけつ》な人でなくてはならない。

18日 社長の五条件

第一に、公私《こうし》の区別を峻厳《しゅんげん》として設けること。第二に、企業に対する無限大の責任感を持つこと。第三に、自分が持っている「人格」「意志」をすべて企業に注入すること。第四に、従業員の物心両面の幸福の追求のため、誰よりも努力する存在であること。第五に、従業員から尊敬されるために、心を高め、哲学を極めること。

19日 西郷隆盛と大久保利通

西郷隆盛の「志」や「誠」だけでは、経営はできない。一方、大久保利通《としみち》の「合理」や「論理」だけでは、人心を掌握《しょうあく》し、集団をまとめていくことはできない。明治維新を成し遂げた、この二人の歴史的人物から、温情と非情、大胆と細心というように、両極端を同時に併せ持たなければ、新たに物事を成し遂げることはできないということを私は学んだ。

20日 両刃の剣

闘争心や勝ち気や負けん気などといったものは両刃《もろは》の剣《つるぎ》である。それがなければ会社は発展しないが、一方、過剰になってしまうと会社を破綻《はたん》させてしまう。成功の原因と没落の原因は同じであることを十分理解しておく必要がある。

21日 経営者の真価

真の経営者とは、自分の全智全能、全身全霊をかけて経営を行っている人のことを言います。どんなに素晴らしい経営手法や経営理論、経営哲学を頭で理解していても、真の経営者になれるわけではありません。命をかけるくらいの責任感で毎日を生き、その姿勢をどのくらいの期間続けてきたかということで、経営者の真価が決まるのではないかと思います。

22日 全き人格者となる

リーダーとは、全《まった》き人格者でなければならない。集団を正しい方向に導くため、能力があり、仕事ができるだけでなく、自己研鑽に努め、心を高め、心を磨き、素晴らしい人格を持った人にならなければならない。

23日 才能を私物化してはならない①

私は、才能というものは、集団を幸福へ導くため、天が人間の世界に一定の割合で与えてくれた資質だと思っています。そのため、たまたま才能を授かった者は、それを世のため、社会のため、集団のために使うべきであって、自分のために使ってはならないと考えています。

24日 才能を私物化してはならない②

才能を持って生まれた人間は、天が与えてくれたリーダーとしての役割をまず果たさなければならないはずです。才能を誇り、傲慢に振る舞うリーダーであってはならないはずです。天賦《てんぷ》の才《さい》を決して私物化してはなりません。謙虚で自らの才を集団のために行使するリーダーであるべきです。

25日 資本主義のモラル

資本主義は、厳しいモラルがあってこそはじめて正常に機能する。自由な経済社会というものは、金儲けのためなら何をしてもいいというものでは決してない。資本主義の担い手である経営者が誰から見ても普遍的に正しい経営哲学を確立し、自らを厳しく律していかなくてはならない。

26日 大企業の責任

大企業は経済社会の健全な発展に貢献するために、つまり、自らの強大な力をコントロールするために、一般企業よりはるかに厳しい自己管理のルールを確立し、自らを律するように努めるべきである。大企業の経営者は、まず、企業や企業群が巨大化してゆけば、必ず社会に対して破壊的な影響を及ぼす可能性があることを認識しなくてはならない。

27日　王道の経営

「王道」とは、「徳」に基づいた政策のことであり、「徳」とは、中国では古来、「仁」「義」「礼」という三つの言葉で表されていました。
「仁」とは他を慈《いつく》しむこと
「義」とは道理に適うこと
「礼」とは礼節を弁《わきま》えていること
この「仁」「義」「礼」、三つを備えた人を「徳のある人」と呼んでいました。つまり、「徳で治める」とは、高邁な人間性で集団を統治《とうち》していくことを意味するのです。

28日　国境を超えた普遍性

グローバル化が進み、ときには外国人と渡り合わなくてはならない場面も出てくるかもしれない。そういうときも、判断の基準は「人間として正しいかどうか」ということであり、そのことを常に自分の胸に手を当てて問うことだ。それは国境を超えた普遍性を有するため、多少の文化的な衝突《しょうとつ》はあっても、根っこのところでは、必ず彼らも理解してくれる。

29日 成功と失敗の分水嶺

損をしてでも守るべき哲学、苦を承知で引き受けられる覚悟、それが自分の中にあるかどうか。それこそが本物の生き方ができるかどうか、成功の果実を得ることができるかどうかの分水嶺《ぶんすいれい》になるのではないでしょうか。

30日 第二の人格

素晴らしい哲学は、理性で理解するだけでなく、繰り返し学び、自らの血肉としていこうと努めなければ意味がない。そうすることによって、自分がもともと持っていた性格の歪《ゆが》みや欠点を修正することができ、新しい人格、いうなれば「第二の人格」をつくり上げることができる。

31日 読書の意義

自分自身を高め、磨くために努めて読書すべきだ。もちろん、人生において一番重要なことは、実際の経験を通して学ぶことだ。しかし、読書は、それらの経験をもっと意味のあるものにしてくれる。

11月

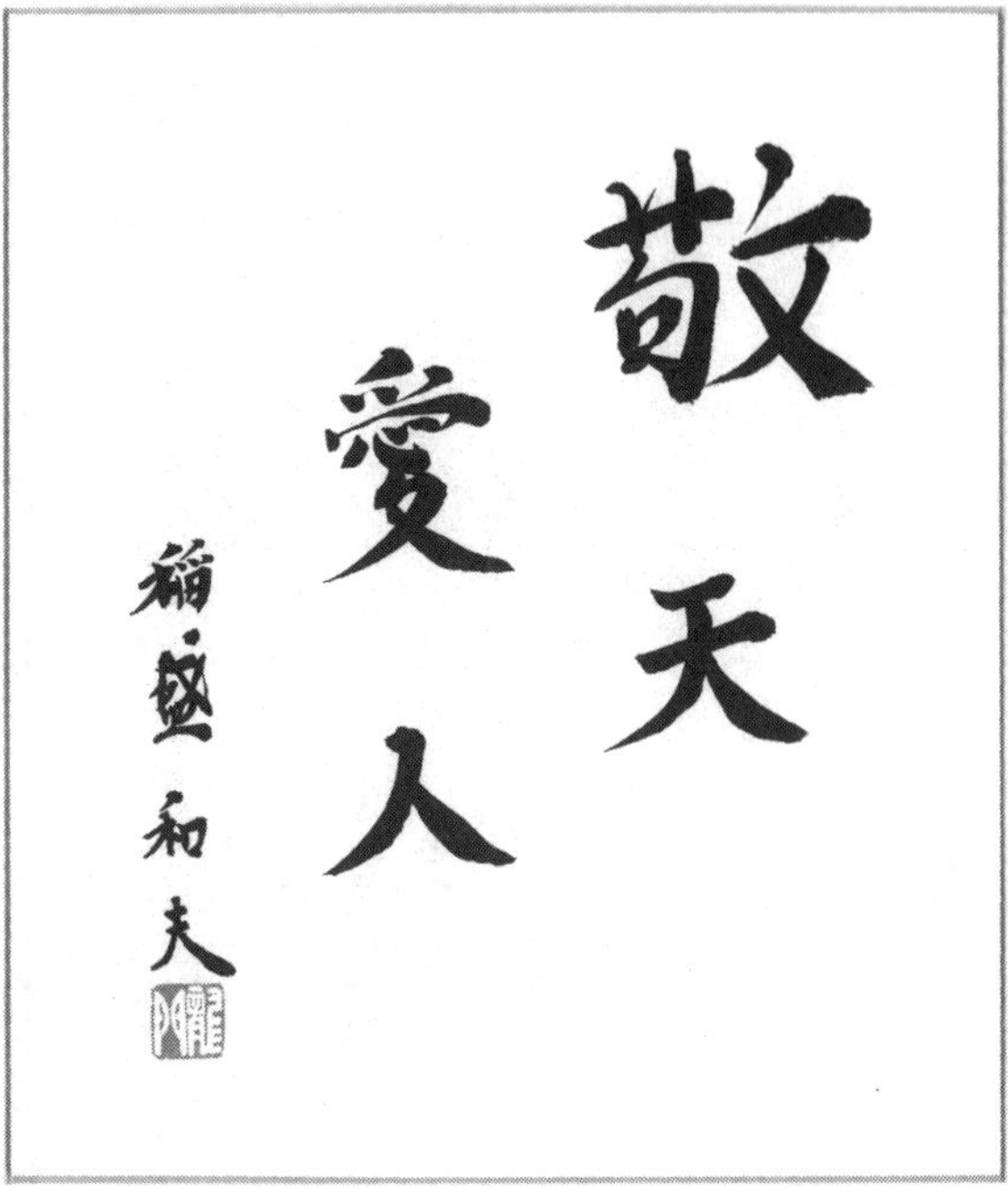

著者直筆の書

1日 事業の大義名分

集団が心を一つにして事業に邁進《まいしん》するためには、どうしても事業の「大義名分《たいぎめいぶん》」が必要となる。その事業が世の中に対してどのような意義を持ち、どのように貢献するのかという、次元の高い目的が必要となる。

2日 大義名分を共有する集団

リーダーは、まずは集団のめざすべきところを明確にしなければならない。つまり、大義名分のある目的を確立するとともに、その共有に努め、全従業員が心から喜んで協力してくれる集団をつくり上げることが大切だ。

3日 苦労の代償

責任が重く、一瞬の気の休まりもなく、気の遠くなるような努力を継続してはじめて、当たり前と評価される。経営者とは考えれば考えるほど、割の合わない仕事かもしれない。そのような厳しい生き様に値《あたい》する代償《だいしょう》を経営者は得られるのか。

得られると思う。経営者が身を挺《てい》して努力しているために、多くの社員が今日、また将来に希望をつないで生活し、そのため経営者を信頼し、尊敬してくれる。この金銭では代えられない、人の喜びや感謝を受けているということこそ、苦労に値する代償ではないか。

4日 世のため人のための経営

資本主義社会の中でリーダーシップをとる人に今求められているのは、「選ばれし者」としての倫理観だ。

元来、イギリス貴族や日本の武士に見られるように高い地位にある人は、尊敬に値する哲学、価値観を持っていた。

今リーダーは、「自分のため」という考え方を脇《わき》に置き、「世のため人のため」という考え方に立脚した経営を行うことを使命として自覚しなければならない。

5日 六波羅蜜

お釈迦様は「悟り」を開くためには六波《ろくは》羅蜜《らみつ》という修行の方法があると言っておられます。

その六波羅蜜の修行の最初に出てくるのが「布施《ふせ》」です。「布施」というのは施しをするという意味ですが、それは人様を助けるということです。

二番目には「持戒《じかい》」。これは戒律を守ることです。人間としてしてはならないことを定めて、その教えを守れと言って、われわれに正しい道を示しておられるのです。

三番目には「精進」。一所懸命努めなさい、働きなさい。人生を生きていくためには働くことが何よりも大事だと説かれているのです。

四番目には、「忍辱《にんにく》」。どんなにつらいことがあっても、何があっても耐え忍ぶのですよと言われています。

五番目の「禅定《ぜんじょう》」とは、一日一回でもいいから、「心を静かに保ちなさい」ということです。

そうすれば、「智慧《ちえ》」、つまり「悟り」に至ることができるというのです。

私は会社をつくったときから、何も知らないままこのような思いを心に抱き、実践に努めてきました。

6日　物事の本質に立脚する

新たな領域では、何度も壁に当たり、行き詰まることを経験する。そのような局面では、当面の問題点の克服だけに終始してしまい、何とかクリアしたとしても、目標に対して若干のズレが生じることがある。そして、何度もこの当面の解決を行ううちに、いつのまにか当初の目標からは大きく逸脱してしまう。

その場限りの判断をし、原点に立ち返らないために、このような結果を生む。原点を見すえ、物事の本質に立脚した判断こそが、未踏の領域で成功をもたらすのだ。

7日　道徳を守ろうとする思い

道徳を説く人が聖人君子《せいじんくんし》である必要はない。道徳を守り切ることはできないけれど、道徳を大切に思い、守りたいと思っていることこそが大切だ。

8日 普遍的に正しい判断

邪《よこしま》な心では、正しい判断はできない。
「自分にとって」都合のよい判断ではなく、
「人間にとって」普遍的に正しい判断を、
私たちは心がけるべきなのである。

9日 私心が組織をダメにする

トップに立つ人間には、いささかの私心も許されない。基本的に個人という立場はあり得ない。トップの「私心」が露《あら》わになったとき、組織はダメになる。

10日 リーダーシップと謙虚さ

経営者は、強烈なリーダーシップを持つと同時に、一方ではそれを否定するような謙虚さを兼ね備えていなければならない。強いリーダーシップだけでは暴走してしまうし、謙虚さだけでは企業集団をダイナミックに引っ張っていく力強さが足りなくなる。

11日 成功を持続する

経営が正しいかどうかは、成功を長期にわたって持続できるかどうかによって決まる。経営でも政治でも、学問の世界でも、成功したことが偉いのではない。成功を持続できるかどうかが問われる。成功に驕らず、謙虚に、自分を律する強い克己心を持ち続けられることが、人間としての本当の偉さなのだ。

12日 強く一筋に思う

理想に対して、「そうは思うが、現実には難しい」という気持ちが心の中にあっては、物事の成就が妨げられる。

人は自分が信じてもいないことに、努力できるはずがありません。強烈な願望を描き、心からその実現を信じることが、困難な状況を打開し、物事を成就させるのです。

13日 カラーで見えるまで考え抜く

新しい事業を始めるときに、疑問や不安を抱いたことは一度もない。それは、寝ても覚めても、常にテーマに意識を集中し、考え続けているからである。疑問が一点も残らないほど、起こり得るあらゆる細目を考え抜いているのだ。繰り返しシミュレーションを行い、カラー映像で見えるようになるまで続ける。その「鮮明なビジョン」が成功へと導くのだ。

14日 撤退の決断をする

なぜそういう決断をしたのか。「刀折れ、矢尽きた」という精神状態であったからだ。物質的な要素はともかく、情熱がなければ、新しい事業や開発などできない。もし、情熱が尽きるような状態まで追求して、それでも成功しないのであれば、私は満足して撤退する。

根《こん》の限り戦うことが前提だ。しかし、すべてが思いどおりになるわけではない。そのときに、真の引き際《ぎわ》が判断できなければならない。

15日 短所も将来役に立つ

勇気がないというと一見、欠点であるかのように聞こえる。しかし、臆病《おくびょう》なるがゆえに、いざというときに備え、周到な準備をする。慎重で臆病な人間をよく育てていけば、いずれ素晴らしい人材に転化する。つまり、長所だけでなく、短所と見えるものですら、その人の将来にとっては役立つものになり得るのだ。

16日 小善と大善

親が子どもを甘やかすあまり、子どもは自分では何もできないようになってしまい、成長するに及んで人生を誤ってしまうということがある。逆に、厳しい親に育てられた子どもは、自分を鍛錬《たんれん》することを学び、人生における成功者になるということがある。前者を小善、後者を大善という。

17日 努力の報酬

なぜ、私が京セラやKDDIといった企業を設立して今日のように発展させることができたのか。私は寝ても覚めても仕事に没頭し、それこそ「狂」がつくほど、凄まじい勢いで働いていました。「世のため人のため、この事業を何としても成功させたい」と強く願い、必死の思いでひたむきに仕事に取り組んでいました。その努力の報《ほう》酬《しゅう》として、天の「知恵の蔵」に蓄積されている叡知の一部を与えていただいたのではないかと思うのです。

18日 人生の大則

素晴らしい人生を送るための生き方も、立派な業績をあげるための方法も、決して複雑なわけではありません。

成功を収めても、謙虚さを忘れず、足ることを知り、すべてのことに感謝し続けること。一方、不運に出遭っても、それを素直に受け入れ、前向きな生き方を続けること。そのようにして素晴らしい人格を身につけるよう、常に心を整え、心を高める努力を倦まず弛まず重ねていきさえすればいいのです。

19日 逆境はチャンス

逆境とは、自分自身を見つめ直し、成長させてくれる、またとないチャンスなのだ。逆境をネガティブにとらえて悲嘆に暮れるのではなく、志をより堅固にしてくれる格好の機会ととらえて、敢然《かんぜん》と立ち向かうべきだ。試練を通してこそ、志は成就する。

20日　許す心

心を高めることが現世の中で一番重要なことだとすれば、許せないものを許そうとすることは人間の感情において最も厳しい葛藤であり、最大の修行をさせられていると考えられる。しかし、これを乗り越えていくことが何よりも心を高めることにつながり、それによって魂が光り輝くはずだ。

21日　やさしくなければ

作家のレイモンド・チャンドラーは、小説の中で、「男は強くなければ生きていけない。しかし、やさしくなければ生きていく資格がない」と記しましたが、これは男だけではなく、経営者にも通じるものです。

強いだけの経営者に人は魅力を感じません。強さの中に秘められたやさしさがあってこそ、魅力あふれる、誰からも慕《した》われる経営者になれるのです。

22日 不易なるもの

私は、自分がそうであったように、「仕事に打ち込んで、世の中に役立ち、自分自身も幸せだった」と感じられる生き方が、時代がどう変わろうと、最終的にはみんなが求めているものではないかと思います。世の中がどのように変わっても、善を追求するという人間の本質は変わらないからです。

23日 最高の行為

「利他」とは、仏教でいう慈悲の心のことであり、またキリスト教でいう愛の心のことであり、言い換えれば「世のため人のために尽くす」ことですが、私はそのような行為こそが、人間として最高の行為であると考えています。

24日 魂の本質

誠実、謙虚、愛情、素直、やさしさ、思いやりという言葉が指し示す方向をめざしていけば、魂の本質に近づくことができ、素晴らしい人生を送ることができる。

25日 真我

真我《しんが》は人間の心の中心部をなす、きわめて美しいものです。それは愛と誠と調和に満ち、真・善・美を兼ね備えている。人間は真・善・美にあこがれずにはいられない存在ですが、それは、心の真ん中にその真・善・美そのものを備えた、素晴らしい真我があるからにほかなりません。あらかじめ心の中に備えられているものであるからこそ、私たちはそれを求めてやまないのです。

26日 心を高める、経営を伸ばす

企業の業績をさらに立派なものにしていこうとするなら、経営者がその人間性を高め、人格を磨いていく以外に方法はない。

私自身、京セラの創業間もない頃から、「経営がトップの器で決まるならば、トップである私自身の器を磨き、大きくしていかなければいけない」と強く思い、懸命に努力を重ねてきた。

27日 信頼は心の反映

信頼関係は自分自身の心の反映だ。たとえ、自分が損をしたとしても、人を信じていく。その中でしか信頼関係は生まれない。信頼とは、外に求めるのではなく、自らの心の内に求めるべきものなのだ。

28日 損な役を引き受ける勇気

成功すればするほど、偉くなればなるほど、謙虚に振る舞わなければならない。自分が最も損な役を引き受けるという勇気がなければ、上に立ってはならない。自己犠牲を払う勇気のない人が上に立てば、その下に位置する人たちは不幸になる。

29日 人間的成長の分水嶺

苦難に直面したときに、打ち負かされて夢を諦めてしまったり、いい加減なところで妥協をしてしまったりするのか、あるいは苦労を苦労と思わず、ひたむきに努力を重ねることができるのか。ここに人間的に成長できるかどうか、その分水嶺があるのです。

30日 極楽と地獄

修行僧が、老師に「地獄とは、どんな所か」と尋ねた。老師は答えた。「地獄には、大きな釜《かま》にうどんが煮えている。食べるには、長さ一メートルもある長い箸《はし》を使うしかない。そのため、うどんをつかむことはできても、口に入れることができない。皆、自分が真っ先に食べようと、狂ったようになり、しまいには、うどんは飛び散ってしまい、誰も食べることはできない」。

修行僧は、「それでは極楽とはどんな所か」と尋ねた。老師は答えた。「実は、極楽も同じようになっている。ただ、人々はうどんを長い箸でつまむと、釜の向こう側にいる人に、『どうぞお先に召し上がってください』とすすめる。相手は有り難く受け、『ごちそうさまでした。今度はあなたがどうぞ』と、うどんをすすめ、全員がおいしいうどんを食べることができる」。

われわれの人生においても自分のことのみを考えるのか、それともお互いに思いやりを持って接するかによって、極楽にも地獄にもなり得るのだ。

12月

2012年、京都賞授賞式後、京都宝ヶ池の竹林を散策

1日 経営12カ条 ①

「経営12カ条」は、人間として何が正しいかという最もベーシックで普遍的な判断基準に基づきます。だから業種や企業規模の違いはもちろん、国境や文化、言語の違いを超えて通じるものです。

1. 事業の目的、意義を明確にする
公明正大で大義名分のある高い目的を立てる
2. 具体的な目標を立てる
立てた目標は常に社員と共有する
3. 強烈な願望を心に抱く
潜在意識に透徹するほどの強く持続した願望を持つこと

2日 経営12カ条 ②

4. 誰にも負けない努力をする
地味な仕事を一歩一歩堅実に、弛まぬ努力を続ける
5. 売上を最大限に伸ばし、経費を最小限に抑える
入《い》るを量《はか》って、出《い》ずるを制する。利益を追うのではない。利益は後からついてくる
6. 値決めは経営
値決めはトップの仕事。お客様も喜び、自分も儲かるポイントは一点である

3日　経営12カ条　③

7．経営は強い意志で決まる
経営には岩をもうがつ強い意志が必要

8．燃える闘魂
経営にはいかなる格闘技にもまさる激しい闘争心が必要

9．勇気をもって事に当たる
卑怯な振る舞いがあってはならない

4日　経営12カ条　④

10．常に創造的な仕事をする
今日よりは明日、明日より明後日と常に改良改善を絶え間なく続ける。創意工夫を重ねる

11．思いやりの心で誠実に
商いには相手がある。相手を含めてハッピーであること。皆が喜ぶこと

12．常に明るく前向きに、夢と希望を抱いて素直な心で

5日 経営12カ条 ⑤

「経営12カ条」は、「思いというのが、自分自身の人生を決める。真我や理性・良心から出てくる強い思いであれば、それは必ず結果として表れる」ということを前提にしてつくられています。

つまり、経営12カ条のすべての条文《じょうぶん》には、「思いは必ず実現する」という思想が流れているのです。

6日 正しい道義

大きな志を実現していくには、多くの人々の力を結集していかなければならない。そのときに大切になるのが、「正しい道義」である。高邁な志を持って、ひたむきに努力を続ける人の周りには、自然と志を同じくする人が集まってくる。そのようにして末広がりに仲間が増えていくことで、やがて当初想像もできなかった偉大な成功を実現することができる。

7日 成功に至る道

成功に至る近道などあり得ない。情熱を持ち続け、生真面目に地道な努力を続ける。このいかにも愚直な方法が、実は成功をもたらす王道なのである。

8日 利他の心を判断基準にする

利己にとらわれない正しい判断基準、価値観を持つことができるようになってはじめて、私たちは「足るを知る」ことができ、心から「豊かさ」を実感することができるようになる。

9日 反省ある日々 ①

人間は誰しも完璧ではあり得ず、時に間違いを引き起こしてしまいます。しかし、そのたびに素直に「反省」し、再び同じ誤りをしないように懸命に努めていく、その日々の繰り返しが、少しずつ人間性を高めてくれるのではないでしょうか。

10日 反省ある日々 ②

私は、「反省ある日々」を通じてかちえた「人格」こそが、最も堅固《けんご》であるばかりか、何にも増して気高いものであり、それこそがわれわれをして、素晴らしい人生へと導いてくれるものと固く信じています。

11日　豊かな人生

人は得てして、恵まれた環境にあっても、与えられた仕事をつまらないと思い、不平不満を口にします。しかし、それで運命が好転するわけではありません。与えられた仕事を天職と思い、その仕事を好きになるよう努力し、さらに打ち込むのです。

そうするうちに不平不満は消え、仕事も順調に進むようになっていくはずです。そして、さらに懸命に働き続けていくことで、素晴らしい考え方や人格を自分のものにすることができ、結果として物心《ぶっしん》ともに豊かな人生を送ることができるのです。

12日　高邁な志を抱く

何かを成そうとすれば、大きなエネルギーを必要とする。だからこそ、誰から見ても、どこから眺めても、立派だと言えるような高邁な志、目的意識がなければ、自分の持てる力のすべてを出し切ることも、周囲の人々から協力を得ることも、成功を続けることもできないのである。

13日 天は見ている

長い人生の旅路では、失望や、困難、試練のときが何度もある。しかし、それは、自分の夢の実現をめざし、すべての力を奮い起こして誠実に努力をする、またとない機会でもある。天は誠実な努力とひたむきな決意を、決して無視はしない。

14日 災難の考え方

災難に遭うことにより過去の業《ごう》は消える。そこで、「ありがたい。この程度の災難ですんでよかった」と感謝し、明るい方向に考え方を変えていく。災難さえも前向きに解釈することで、運命をよい方向に変えることができる。

15日 逆境なおよし

順境なら「よし」。逆境なら「なおよし」――。自分の環境、境遇を前向きにとらえ、いかなるときでも、努力を重ね、懸命に働き続けることが大切だ。

16日 照る日曇る日

人生は、照る日もあれば曇る日もある。幸運が巡っているときはもちろんのこと、災難に遭ったときにも、修行だと思い、自分が生かされていることに「ありがとう」と感謝することが、心を清らかにし、運命をよい方向へ導く。

17日 二宮尊徳の生き方

私は、日々の仕事に打ち込むことによって、人格を向上させていくことができると考えています。つまり、一所懸命働くことは、単に生活の糧をもたらすのみならず、人格をも高めてくれるのです。

その典型的な例は、二宮尊徳《にのみやそんとく》です。彼は生涯を通じ、田畑で懸命に働き、刻苦勉励を重ねていく中で真理を体得し、人格を高めていきました。そのような尊徳であったからこそ、リーダーとしてたくさんの人々の信頼と尊敬を集め、多くの貧しい村々を救うことができたのです。

18日 働く価値観を改める

働くということに対する価値観を改めることが、今の日本にとって最も重要だ。なるべく働かずに多くのお金をもらうのがいいのではなく、懸命に働くことで、生活の糧を得るだけでなく、精神的な満足が得られ、人間を磨くことにもつながるのだ、という考え方を多くの人が持つようになるべきだ。

19日 強欲企業の限界

企業は人間の集まりであるから、どうしても、欲望から発した「もっと儲けよう」という行動が出てきてしまう。しかし私は、自社の利益だけを最大にしようと経営を行い、それで成功し続けているような企業はあり得ないと考えている。

20日 真の事業家

「利を求むるにも道あり」。真の事業家は、人の道を踏み外さないように、その範囲で利益を追求する。

21日 トップのつとめ

社長をはじめ企業のトップに立つ者は、自分の能力を百%、企業に注入《ちゅうにゅう》できてはじめて、社長であり、トップなのです。本当はプライベートな時間すらもとれないぐらい厳しいのがトップです。

22日 有言実行

世の中ではよく、「不言《ふげん》実行」が美徳《びとく》とされますが、私は「有言実行」を大切にしています。まず自らが手を挙げて「これは自分がやります」と名乗りをあげ、自分が中心となってやることを周囲に宣言してしまうのです。そう宣言することで、周りと自分自身の両方からプレッシャーをかけ、自分自身を奮い立たせるとともに、自らを追い込んでいくことによって、目標の達成がより確実となるのです。

23日 誰よりも働く

社長が会社の中で誰よりも一番働く人でなければなりません。従業員よりも先に帰って、「ガンバレ、ガンバレ」とだけ言っている社長の下で、従業員が働くわけがない。上に立つ者が誰よりも一所懸命に頑張って、下の者から「かわいそうだ」と思われるほどでなければならないのです。そうでなければ、人はついてきてくれません。

24日 趣味は必要か

「仕事だけが人生ではない。趣味や娯楽《ごらく》も必要だ」と言われる方がいます。しかし、私に言わせると、それは、本業である仕事に打ち込むことのできない人が、その代替《だいたい》として、趣味などに自分の喜びを見出そうとしているだけなのです。

25日 苦しき世の生き方

生きていくことは苦しいことのほうが多いものです。時に、なぜ自分だけがこんな苦労をするのかと神や仏を恨みたくなることもあるでしょう。しかし、その苦労は魂を磨くための試練だと考える必要があるのです。苦労とは、試練であり、おのれの人間性を鍛えるための絶好のチャンスなのです。

試練を「機会」としてとらえることができる人――そういう人こそ、限られた人生を本当に自分のものとして生きていけるのです。

26日 美しい魂をつくる

どんなに財産を貯め込んでも、名声を獲得しても、多くの人を従える権勢《けんせい》を誇っても、人生を終え、死を迎えるときには、肉体をはじめ形あるものは何一つとして持っていくことはできない。しかし、すべてが無に帰してしまうわけでもない。人間が心の奥底に持っている「魂」だけは、人生の結果として残り、来世《らいせ》まで持ちこすことができる。ならば、人生の目的とは美しい魂をつくることにあり、人生とはそのように魂を磨くために与えられた、一定の時間と場所に他ならない。

27日 人生の勲章

私たちは魂だけを持って来世に行く。財産も名誉も持っていけない。一人で旅立たなければならない。勲章《くんしょう》は、より美しくなった魂、心の輝きだけなのである。

28日 魂の旅立ち

死によって私たちの肉体は滅びますが、心魂は死なずに永世《えいせい》を保つ。私はそのことを信じていますから、現世での死とはあくまでも、魂の新しい旅の始まりを意味します。だからその旅立ちに向けて周到《しゅうとう》な準備をすべく、最後の二十年は人生とは何かを改めて学び、死への準備をしたい。そう考えて得度《とくど》を決意したわけです。

29日 苦しみの先にある喜び

仕事における喜びというのは、飴玉のように口に入れたらすぐ甘いといった単純なものではない。労働は苦い根《ね》と甘い果実を持っているという格言のとおり、それは苦しさやつらさの中からにじみ出してくるもの。仕事の楽しさとは苦しさを超えたところに潜《ひそ》んでいるものだ。

30日 挫折が実になる

若いときに苦難に出遭っても、挫折を経験しても、絶対にへこたれてはなりません。それは、神様が与えてくれた「成長の糧」だと考えることです。神様は苦難を与え、それを糧にして、「今からの人生を素晴らしく生きなさい」と励ましておられるのです。

31日 終わりの価値を高める

人生は、宇宙のとてつもなく長い歴史からすれば、わずかな一閃《いっせん》にすぎないものかもしれない。しかしだからこそ、その一瞬に満たない生の始まりよりは終わりの価値を高めることに、われわれの生の意義も目的もある。私はそう考えています。

もっと言えば、そうであろうと努める過程そのものに人間の尊さがあり、生の本質があるのだと思います。

編集後記

弊社が昭和五十三年より発刊している人間学を学ぶ月刊誌『致知』では、毎号特集テーマを決め、そのテーマにふさわしい方々のお話を掲載しています。

そんな中、二〇二一年四月号で「稲盛和夫に学ぶ人間学」という特集を組んだところ、読者の皆様から非常に大きな反響をいただき、全国から感動のお便りなどがたくさん寄せられました。また、本号の中で「稲盛和夫――魂に響く言葉」という語録ページも組ませていただきましたが、「稲盛氏の金言に勇気を得た」「歩むべき指針を教えられた」といった反響が数多く寄せられ、稲盛氏の寸言が持つ力を改めて実感することとなりました。

本書については、いまから十年ほど前、京セラ株式会社の経営研究部（現・稲盛ライブラリー）と、弊社とで三百六十六の言葉を入念に選び出したことがありました。その後、弊社からすでに刊行されている「一日一言」というシリーズの一冊として加えさせていただければという思いで大切に温めてまいりましたが、先述の語録ページの反響を受け、この機会にぜひ「一日一言」の出版をと相談させていただいたところ、快くご承諾をいただくことができ、おかげさまで刊行の運びとなりました。

寸言には人を感奮興起《かんぷんこうき》させる力があるといいます。幾度もの試練を乗り越え、道を切り拓いてこられた稲盛氏の生き方や考え方、思想や哲学の神髄に語録を通じて触れていただくことは、現下の困難を生きる方々に大きな勇気や希望を与えるとともに、今後の歩み方を照らす何よりの道標となるに違いありません。

なお、本書の刊行につきましては、稲盛ライブラリーの粕谷昌志さんをはじめ、井上友和さん、梶谷（旧姓北村）恭子さん、嶋路久美子さんに多大なご協力をいただきました。この場をお借りして厚く御礼申し上げます。

令和三年九月

致知出版社 代表取締役社長　藤尾秀昭

【出典一覧】

〈稲盛和夫の単著〉

『新しい日本　新しい経営』（ティビーエス・ブリタニカ、一九九四年）
『人生と経営』（致知出版社、一九九八年）
『稲盛和夫の実学』（日経ＢＰ社、一九九八年）
『日本への直言』（ＰＨＰ研究所、一九九八年）
『生き方』（サンマーク出版、二〇〇四年）
『新装版　心を高める、経営を伸ばす』（ＰＨＰ研究所、二〇〇四年）
『アメーバ経営』（日経ＢＰ社、二〇〇六年）
『人生の王道』（日経ＢＰ社、二〇〇七年）
『新装版　成功への情熱』（ＰＨＰ研究所、二〇〇七年）
『どう生きるか　なぜ生きるか』（サンマーク出版、二〇〇八年）
『経営に求められる力』（サンマーク出版、二〇〇八年）
『「成功」と「失敗」の法則』（致知出版社、二〇〇八年）
『働き方』（三笠書房、二〇〇九年）

『こうして会社を強くする』（ＰＨＰ研究所、二〇一一年）
『ゼロからの挑戦』（ＰＨＰ研究所、二〇一二年）
『人を生かす　新装版』（日経ＢＰ社、二〇一四年）
『京セラフィロソフィ』（サンマーク出版、二〇一四年）
『高収益企業のつくり方　新装版』（日経ＢＰ社、二〇一四年）
『新装版　稲盛和夫の哲学』（ＰＨＰ研究所、二〇一八年）

〈稲盛和夫の共著〉
梅原猛、稲盛和夫編『良渚遺跡への旅』（ＰＨＰ研究所、一九九五年）
佐伯彰一、土居健郎、長谷川三千子、稲盛和夫著『二十一世紀に伝えたい日本の心』（ＰＨＰ研究所、一九九七年）
中坊公平、瀬戸内寂聴、稲盛和夫著『日本復活』（中央公論新社、一九九九年）
中坊公平、稲盛和夫著『徳と正義』（ＰＨＰ研究所、二〇〇二年）
梅原猛、稲盛和夫著『新しい哲学を語る』（ＰＨＰ研究所、二〇〇三年）
堺屋太一、稲盛和夫著『日本の社会戦略』（ＰＨＰ研究所、二〇〇六年）
梅原猛、稲盛和夫著『人類を救う哲学』（ＰＨＰ研究所、二〇〇九年）

五木寛之、稲盛和夫著『致知新書 何のために生きるのか』（致知出版社、二〇一九年）

〈その他の著作〉

心学参前舎編『心学が拓く二十一世紀の日本』（心学参前舎、二〇〇一年）

加藤勝美著『改訂版　ある少年の夢』（出版文化社、二〇〇四年）

下村満子編著『ありがとう　おかげさま』（海竜社、二〇〇六年）

※右記の他、著者によるスピーチや講演録等から抜粋・編集しました。

〈著者略歴〉

稲盛和夫（いなもり・かずお）

昭和7年鹿児島県生まれ。鹿児島大学工学部卒業。34年京都セラミック（現・京セラ）を設立。社長、会長を経て、平成9年より名誉会長。昭和59年には第二電電（現・KDDI）を設立、会長に就任、平成13年より最高顧問。22年には日本航空会長に就任し、27年より名誉顧問。昭和59年に稲盛財団を設立し、「京都賞」を創設。毎年、人類社会の進歩発展に功績のあった方々を顕彰している。令和4年逝去。著書に『人生と経営』『「成功」と「失敗」の法則』『成功の要諦』、五木寛之氏との共著に『致知新書 何のために生きるのか』（いずれも致知出版社）など多数。

稲盛和夫一日一言《いちにちいちげん》

令和三年十月十五日第一刷発行
令和四年十月二十五日第四刷発行

著者 稲盛 和夫
発行者 藤尾 秀昭
発行所 致知出版社
〒150-0001 東京都渋谷区神宮前四の二十四の九
TEL（〇三）三七九六―二一一一
印刷・製本 中央精版印刷
落丁・乱丁はお取替え致します。 （検印廃止）

ISBN978-4-8009-1258-9 C0034
ホームページ https://www.chichi.co.jp
Eメール books@chichi.co.jp

装幀 スタジオ・ファム
カバー・本文写真（P3、21、109、127、145、161、197） 菅野勝男
編集協力 柏木孝之